FACULTÉ DE DROIT DE L'UNIVERSITÉ DE PARIS

L'ASSISTANCE MÉDICALE

EN FRANCE

ET

LA LOI DU 15 JUILLET 1893

THÈSE POUR LE DOCTORAT

L'ACTE PUBLIC SUR LES MATIÈRES CI-APRÈS

sera soutenu le jeudi 16 mars 1899, à 8 heures 1/2.

PAR

G. PÉCHEYRAN

Président : M. BERTHÉLÉMY, *professeur.*
Suffragants { MM. JAY, *professeur.*
DESCHAMPS, *professeur-agrégé.*

PARIS

A. CHEVALIER-MARESCQ et Cie ÉDITEURS

20, RUE SOUFFLOT

1899

THÈSE

POUR

LE DOCTORAT

L'ASSISTANCE MÉDICALE

EN FRANCE

ET

LA LOI DU 15 JUILLET 1893

THÈSE POUR LE DOCTORAT

L'ACTE PUBLIC SUR LES MATIÈRES CI-APRÈS

sera soutenu le jeudi 16 mars 1899, à 8 heures 1/2.

PAR

G. PÉCHEYRAN

Président : M. BERTHÉLÉMY, *professeur.*
Suffragants { MM. JAY, *professeur.*
DESCHAMPS, *professeur-agrégé.*

PARIS

A. CHEVALIER-MARESCQ ET Cie ÉDITEURS

20, RUE SOUFFLOT

1899

MEIS ET AMICIS

INTRODUCTION

Dans cette très courte étude, le but de l'auteur a été d'exposer à grands traits l'état actuel de la législation française en matière d'assistance médicale gratuite ; de montrer quels progrès ont été réalisés par la loi du 15 juillet 1893 et d'indiquer brièvement, pour terminer, les modifications avantageuses qu'il serait possible d'apporter à cette loi pour remédier à certains inconvénients révélés par sa mise en pratique.

Dans une première partie, l'auteur fera donc l'historique de l'assistance médicale gratuite en France avant la loi de 1893 ; dans une seconde, il analysera les dispositions principales de ladite loi ; et dans une troisième, il indiquera comment et de quelle manière il serait possible de remédier aux imperfections que l'on a pu relever dans cette loi qui, somme toute, et malgré ses défauts, n'en constitue pas moins un grand progrès au point de vue démocratique et social.

PREMIÈRE PARTIE

CHAPITRE PREMIER

L'ASSISTANCE MÉDICALE GRATUITE EN FRANCE
AVANT 1893

L'ancien régime ne s'était point occupé d'une façon spéciale et pour ainsi dire officielle des indigents malades. Aussi loin que l'on remonte dans son passé, il est facile de constater qu'en cette question, comme du reste en presque toute matière d'assistance, le gouvernement royal s'en remettait volontiers soit à l'esprit de charité du clergé, soit même à l'initiative généreuse des particuliers.

C'est la Révolution qui, la première sur ce point comme sur beaucoup d'autres, eut la gloire de s'occuper des questions d'assistance publique et de poser en principe que l'État — c'est-à-dire la société — a le devoir de songer aux indigents et de soulager ceux qui souffrent. En effet, la loi du 24 vendémiaire de l'an II posait le droit à l'assistance médicale gratuite pour quiconque était indigent dans son article 18 ainsi conçu : « Tout malade, domicilié de droit ou non, qui sera sans ressources, sera secouru ou à son domicile de fait, ou à l'hospice le plus voisin. »

Malheureusement, ainsi que le dit excellemment l'exposé des motifs de la loi du 15 juillet 1893, le principe était seulement proclamé. La loi de vendémiaire ne contenait aucune disposition qui créât un service effectif; aucun article n'avait mis les dépenses de son exécution à la charge de qui que ce fût : l'effet produit fut nul et l'article 18 resta lettre morte.

Le premier Empire, absorbé par ses conquêtes, la Restauration, période de réaction, et le gouvernement de juillet ne s'occupèrent plus de la question.

Il faut arriver à la seconde République et à la loi du 7 août 1851 pour constater une tentative de réalisation du principe si justement humain posé par la loi de vendémiaire.

L'article 1er de la loi du 7 août 1851 s'exprime ainsi : « Lorsqu'un individu privé de ressources tombe malade dans une commune, aucune condition de domicile ne peut être exigée pour son admission dans l'hôpital existant dans la commune ». Il y a donc là une première faveur, ou, si l'on préfère, un premier droit accordé à l'individu malade de se faire admettre dans l'hôpital communal, encore qu'il ne soit pas domicilié dans la commune où se trouve ledit hôpital.

Les articles 3 et 4 — les seuls qui nous intéressent vraiment au point de vue de la réalisation partielle du principe posé par la loi de l'an II — sont ainsi conçus :

« Art. 3. — Les malades et incurables indigents des communes privées d'établissements hospitaliers pourront être admis aux hospices et hôpitaux du département désignés par le conseil général, sur la proposition du préfet, suivant un prix de journée fixé par le préfet, d'accord avec la commission des hospices et hôpitaux. »

« Art. 4. — Les communes qui voudraient profiter du bénéfice de l'article. 3 supporteront la dépense nécessaire pour le traitement de leurs malades et incurables. Toutefois le département, dans les cas et les proportions déterminés par le conseil général, pourra venir en aide aux communes dont les ressources sont insuffisantes. Dans les cas où les revenus d'un hospice ou hôpital le permettraient, les commissions administratives sont autorisées à admettre dans les lits vacants les malades ou incurables des communes sans exiger d'elles le prix des journées fixé par l'article 3. »

Ainsi qu'on le voit à la simple lecture, ces deux articles, destinés à assurer des secours médicaux aux indigents des communes qui n'étaient pas pourvues d'établissements hospitaliers, mettaient les dépenses occasionnées par l'établissement d'un service médical à la charge de la commune. Mais ces dispositions législatives n'étaient qu'une ébauche fort imparfaite, un essai bien timide de réalisation du principe posé par la loi de vendémiaire an II. Quelle différence entre le principe large et généreux de la Révolution et l'application étroite et mesquine que faisait la loi de 1851 !

D'abord, la loi de 1851 ne pouvait guère rendre service qu'à la population pauvre des communes où existait un établissement hospitalier. Or, et c'est la statistique qui nous l'apprend, le nombre de ces communes ne dépassait guère 1200. C'est dire, par conséquent, que sur les 36.000 communes du territoire français, plus de 34.000 restaient en dehors de la sphère d'application de l'article 1er de la loi de 1851.

D'autre part, les articles 3 et 4 n'imposaient pas aux communes — d'une façon absolue et formelle — les dépenses nécessitées par la création d'un service médical gratuit. C'était pour elles une simple faculté, et cela résulte clairement de l'expression même de la loi qui nous dit : « les malades..... pourront être admis ». Aussi, dans la plupart des cas, les communes (retenues par des considérations d'intérêt purement local, et soucieuses avant tout de ne pas accabler le contribuable sous des charges trop lourdes) profitèrent de la liberté qui leur était accordée par la loi, et ne créèrent point de service médical gratuit.

De plus, ainsi qu'on l'a fort souvent fait remarquer, dans les communes pourvues d'un établissement hospitalier, aucune proportion n'avait été observée entre la population et le nombre des lits existant dans l'établissement. Cette disproportion maladroite produisait les plus fâcheux effets : dans certaines communes, il y avait beaucoup plus de lits que de malades ; dans d'autres c'était l'inverse. Comme on l'a dit fort justement : « Ici il y avait pénurie, et là, surabondance ».

Il est bien vrai qu'à cette dernière observation, on peut objecter que l'article 4 § 3, que nous avons cité plus haut, aurait pu, dans une certaine mesure tout au moins, rendre moins sensible l'inconvénient résultant de l'inégale répartition des lits d'hôpital sur l'ensemble du territoire. Mais, outre que l'application intégrale du texte de l'article eût été le plus souvent fort difficile pour ne pas dire impossible, il convient de remarquer que la loi — bien loin de se montrer impérative — semble plutôt (ainsi que nous l'avons déjà constaté) ne donner qu'un conseil dont les communes ne devaient guère en pratique s'empresser de tenir compte.

Par dessus tout, le plus grave reproche que l'on puisse adresser à la loi du 7 août 1851, c'est qu'elle s'est seulement occupée des secours hospitaliers, c'est-à-dire des secours donnés à l'hôpital ou à l'hospice. Elle est restée muette sur les secours médicaux à domicile que cependant la loi de vendémiaire — au texte de laquelle nous renvoyons — avait placés avec juste raison en première ligne.

Ce n'est, en effet, un secret pour personne que, dans bien des cas, il est plus commode, plus utile et surtout plus économique de donner des soins médicaux à domicile que d'hospitaliser les malades. Cette grave lacune avait eu pour effet d'apporter un tel trouble dans le fonctionnement de tout notre système d'assistance que le résultat atteint avait été loin, bien loin de répondre à la somme des efforts fournis. Aussi M. Jules Simon avait-il pu, sans être taxé d'exagération, apprécier le système en écrivant : « Quand on regarde l'ensemble des secours distribués par les bureaux de bienfaisance de la France entière, on est frappé à la fois de l'immensité de l'effort et de la nullité des résultats. » Cependant, il est juste de reconnaître que, dès le début, on s'était vite aperçu des inconvénients que nous venons de signaler.

Cette situation était d'autant plus regrettable que la France était toujours considérée comme le pays démocratique par excellence et qu'à l'étranger, notamment en Belgique et en Allemagne, des lois, sur lesquelles il serait difficile d'insister sans sortir de notre cadre, avaient réglementé de façon minutieuse le fonctionnement des services médicaux gratuits.

Déjà, dans les dernières années du règne de Louis-Philippe, par conséquent bien avant la loi de 1851, la question de l'assistance médicale gratuite avait vivement préoccupé les esprits. En 1847, M. de Salvandy avait déposé un projet de loi qui avait pour but de permettre aux préfets d'établir dans leurs départements un service médical gratuit partout où s'en ferait sentir la nécessité. La révolution de 1848 vint retarder ces projets que le gouvernement de la République reprit à son tour. Après avoir fait la loi de 1851, la deuxième République allait sans doute doter la France d'une loi sur l'assistance médicale gratuite, comblant ainsi la grosse lacune que nous avons signalée dans cette loi. M. Dufaure, ministre de l'Intérieur, avait déjà déposé un projet de loi sur le bureau de l'Assemblée nationale, lorsque le coup d'État du 2 décembre vint encore une fois retarder ces bonnes institutions qui ne devaient être reprises et menées à bonne fin que par la troisième République.

Ce n'est pourtant pas à dire que le second Empire soit resté indifférent au grave problème de l'assistance médicale gratuite. Se réclamant de la volonté nationale exprimée par la voie du plébiscite, il ne pouvait — en apparence tout au moins — se désintéresser de cette importante question qui touchait à des intérêts économiques de premier ordre et mettait en jeu le principe de la solidarité sociale. Mais le gouvernement impérial, toujours porté à se défier du pouvoir législatif et à ne le faire intervenir qu'autant qu'il n'en pouvait être autrement, aima mieux prendre des mesures administratives que de présenter une loi.

Deux circulaires ministérielles, l'une du 15 août 1854, l'autre du 22 août 1855, essayèrent de remédier aux inconvénients résultant de l'absence d'un service médical gratuit que la seconde République n'avait pas eu le temps d'organiser, en invitant les conseils généraux à créer dans les départements un service médical gratuit en faveur des habitants des communes rurales. Malheureusement, malgré l'impulsion et les instances réitérées et pressantes du gouvernement impérial et du gouvernement de la

troisième République, beaucoup de départements
ne répondirent point à l'appel qui leur était fait. La
statistique nous montre qu'à la veille de la loi du
15 juillet 1893, quarante-six (46) départements seulement s'étaient conformés aux instructions ministérielles. Encore est-il juste d'ajouter que dans deux
de ces 46 départements, la Loire-Inférieure et la
Manche pour préciser, le service ne fonctionnait ré-
gulièrement que depuis le 1er janvier 1893, ce qui
porte en réalité à 44 le nombre des départements
où fonctionnait vraiment un service d'assistance médicale gratuite.

Ces 44 départements comptaient 18.558 communes, sur lesquelles 12.701 seulement étaient rattachées au service. Il ne faut pas, en effet, perdre de
vue que la loi n'ayant pas fait aux communes une
obligation d'assurer aux indigents des secours médicaux gratuits, les conseils généraux des 44 départements dont nous venons de parler n'avaient pu
organiser un service médical que dans les communes qui avaient consenti à payer une part des dépenses. Les 12.701 communes bénéficiant de l'organisation instituée par les conseils généraux, avaient
une population d'environ dix millions d'habitants,
presque exclusivement rurale. Comme, d'autre part,
la population urbaine pauvre reçoit assez généralement, en cas de maladie, soit à domicile par les bu-

reaux de bienfaisance, soit dans les hôpitaux, les secours médicaux nécessaires, et que cette population compte approximativement dix millions d'habitants, on voit qu'à la veille de la loi du 15 juillet 1893, la population française dans laquelle les malades pauvres n'étaient assurés d'aucun secours, s'élevait à 18 millions d'habitants. Il faut donc conclure qu'en définitive et pour louables qu'ils fussent, les efforts de l'administration n'avaient remédié au mal que de façon fort imparfaite. Les mesures administratives ne pouvaient suffire : il fallait plus et mieux.

Dans un rapport présenté au ministre de l'Intérieur en 1868 par M. Delpech, membre du Comité consultatif d'hygiène et du service médical des hôpitaux, on lit : « On peut conclure dès à présent que l'assistance médicale publique à domicile est une œuvre qui répond à des besoins formels des populations. » Le même rapport constate ensuite que « si, dans la plupart des grands centres de population, les malades reçoivent en général les soins nécessaires, il est loin d'en être ainsi dans les campagnes. » Enfin, en terminant, le rapporteur émet, au nom de la commission, le vœu que l'assistance médicale gratuite aille chaque jour se développant davantage, car c'est un des modes d'assistance les plus nécessaires.

Le besoin d'une loi en notre matière se faisait si impérieusement sentir qu'à la chute de l'Empire et dès le début de la troisième République, la question fut à nouveau reprise et discutée par l'Assemblée nationale.

Divers projets de loi furent présentés dès 1872 par MM. Talon, Morvan et Théophile Roussel, et renvoyés à l'étude d'une commission qui procéda à une vaste enquête auprès des conseils généraux de France. Un projet de loi rédigé d'après les données fournies par cette enquête fut présenté à l'Assemblée en 1874 et voté par elle en première lecture. Mais l'Assemblée se sépara avant qu'une seconde délibération eût pu avoir lieu. Entre temps, l'art. 7 de la loi du 21 mai 1873 avait essayé d'apporter un remède à la situation. Cet article est ainsi conçu : « Les commissions administratives des hospices et hôpitaux pourront, de concert avec les bureaux de bienfaisance, assister à domicile les malades indigents. A cet effet, elles sont autorisées à disposer des revenus hospitaliers, jusqu'à concurrence du quart, pour les affecter au traitement des malades à domicile et à l'allocation de secours annuels en faveur des vieillards ou infirmes placés dans leurs familles. La portion des revenus ainsi employée pourra être portée au tiers avec l'assentiment du conseil général. » Mais il faut remarquer que cette faculté donnée à l'hôpital ne pouvait évidemment profiter qu'aux habitants de la commune où l'hôpital était situé. D'autre part, même dans ces limites, les commissions administratives ont eu rarement recours à l'art. 7 de la loi du 21 mai 1873. L'exposé des motifs de la loi du 15 juillet 1893 nous apprend « qu'il n'y a pas d'exemple qu'un conseil général ait eu à approuver l'affectation aux secours à domicile du tiers des revenus hospitaliers. » L'effet de l'art. 7 a donc, en somme, été fort restreint.

Un peu plus tard, en 1876, deux autres propositions de loi ne purent pas davantage aboutir.

Enfin grâce à la création, en 1886, d'une direction et d'un conseil supérieur de l'Assistance publique, la question allait prendre une nouvelle importance. On allait se remettre à l'étude, et c'est de cette étude qu'est sortie la loi du 15 juillet 1893 dont nous allons nous occuper.

CHAPITRE II

Comment fut élaborée la loi du 15 juillet 1893 ?
A la suite de quels travaux préparatoires et de
quelles discussions fut rédigé le texte définitif voté
par les deux chambres? Telles sont les questions auxquelles il faut répondre, d'une manière au moins
succincte, si l'on veut bien comprendre la loi de 1893,
et en pénétrer l'esprit.

Dès sa première session, le conseil supérieur de
l'assistance publique, dont nous avons plus haut
rappelé la création, avait été saisi de la question
toujours pendante de l'assistance médicale gratuite
par un rapport du directeur de l'assistance publique
adressé au ministre de l'intérieur. Dans ce rapport,
fort utile à consulter, le Directeur de l'Assistance
publique, après avoir exposé les lacunes de la loi
de 1851, concluait à la création nécessaire dans le

plus bref délai d'un service médical gratuit dans les campagnes, et proposait une réforme qui, tout en consacrant le principe de l'Assistance obligatoire (et le mot « obligatoire » a ici une importance capitale), laisserait au conseil général, dans chaque département, le soin d'assurer le service d'une façon sérieuse et efficace. La proposition fut prise en considération par le conseil supérieur de l'assistance et examinée avec tout le soin qu'elle comportait. M. le docteur Dreyfus-Brisac nommé rapporteur présenta un projet de réforme dont voici à peu près l'économie générale 1° chaque commune *doit* l'assistance médicale gratuite à chaque indigent malade qui s'y trouve domicilié ;

2° Dans chaque commune, ou syndicat de communes, pour faciliter une bonne administration, institution d'un bureau chargé de centraliser la direction de tous les services d'assistance ;

3° Les conseils municipaux fixent d'une manière définitive la liste des indigents ayant droit aux secours médicaux gratuits préparée par le bureau. Ils nomment d'autre part une partie des membres du dit bureau et contrôlent ses actes les plus importants ;

4° Le département reçoit la mission d'organiser un réseau complet d'assistance médicale et d'en gérer le budget :

5° Les ressources du budget sont constituées de la façon suivante : *a*) Ressources actuelles, comme la taxe des pauvres par exemple ; *b*) subvention des communes fixée à la fois d'après les ressources matérielles de la commune et d'après le nombre d'indigents portés sur la liste ; *c*) subvention du département dans la mesure nécessaire pour assurer le bon fonctionnement du service ; *d*) enfin, subvention de l'Etat dans tous les cas où elle sera indispensable, notamment quand il s'agira de secourir des individus sans domicile fixe ;

6° Intervention de l'Etat aussi restreinte que possible et simplement à titre de contrôle et de surveillance ;

7° Droit pour l'Etat d'intervenir d'office et de faire un règlement destiné à assurer l'établissement d'un service médical gratuit toutes les fois qu'un département refusera d'inscrire dans son budget les crédits nécessaires pour le fonctionnement dudit service.

Dans sa première session de 1889, le conseil, après avoir délibéré sur le rapport que nous venons d'analyser, adopta les résolutions suivantes :

I. Les communes, à défaut de la famille, *doivent* l'assistance aux nécessiteux malades qui y ont leur domicile de secours. Plusieurs communes limitrophes peuvent s'associer en syndicat pour remplir ce *devoir social*.

II. Le service des secours à domicile et l'assistance hospitalière seront assurés dans chaque commune, ou syndicat de communes, par un bureau d'assistance publique.

III. Chaque département devra, dans un délai à déterminer, organiser, au mieux des convenances locales, un système général d'assistance publique ; il établira le budget départemental d'assistance, fixera la part contributive des communes et déterminera le mode de fonctionnement des services.

IV. Les ressources de ce budget auront une triple origine : 1° Le contingent communal obligatoire, fixé d'après la situation matérielle des communes et le nombre d'indigents inscrits sur la liste de gratuité ; 2° une subvention du département ; 3° une subvention de l'Etat, s'il y a lieu. Le bureau d'assistance pourra payer sur ses ressources propres tout ou partie du contingent communal.

V. Les conseils municipaux interviennent dans le fonctionnement du service, d'une part, par la nomination d'une partie des membres du bureau, conformément à la loi du 5 août 1879 ; d'autre part, par l'avis qu'ils sont appelés à donner, conformément à l'article 70 de la loi du 5 avril 1884,

sur les budgets et les comptes du bureau ; enfin par
la fixation de la liste des indigents.

VI. La législation du domicile de secours devra être
modifiée d'après les principes suivants : la femme
prend le domicile de secours de son mari et les enfants celui de leurs parents. Le domicile de secours
se perd dans une commune, ou syndicat de communes
par une absence continue de deux ans ; il s'acquiert
dans une commune, ou syndicat de communes, par
un séjour de même durée. Pour les indigents qui
n'auraient aucun domicile de secours communal, le
domicile de secours est départemental, s'ils ont sé-
journé dans le département deux années consécu-
tives ; enfin le domicile de secours est national pour
les indigents qui n'ont pas de domicile de secours
communal ou départemental.

VII. Au cas où un département n'aurait pas, dans
un délai fixé, organisé son système d'assistance, le
gouvernement devra lui imposer d'office un règlement. Il y a donc lieu de préparer, à cet effet, un
règlement modèle.

En ce qui concerne les secours à domicile, le conseil recommande, dès à présent, l'étude attentive
des principes sur lesquels repose le système Vosgien. L'assistance médicale doit être organisée de
telle sorte que chaque commune soit rattachée à

un dispensaire et à un hôpital. Les malades ne doivent être hospitalisés qu'en cas de nécessité.

Comme on le voit, les résolutions adoptées par le conseil supérieur étaient sensiblement inspirées par le rapport Dreyfus-Brisac dont elles ne différaient du reste que sur quelques points d'une importance relativement secondaire.

La même année (1889), à l'occasion de l'exposition universelle, un congrès international d'assistance, où vingt-cinq nations se trouvaient représentées, se réunit à Paris, et, sur la proposition du conseil supérieur de l'assistance, vota après discussion les conclusions suivantes inspirées des idées que nous venons d'exposer :

« L'assistance publique doit être rendue obliga-
« toire par la loi en faveur des indigents qui se
« trouvent, temporairement ou définitivement, dans
« l'impossibilité physique de pourvoir aux nécessités
« de l'existence. »

« L'assistance médicale obligatoire comprend les soins médicaux et la fourniture des remèdes à domicile ou à l'hôpital. L'indigent malade ne doit être hospitalisé que s'il est établi qu'il est impossible de le soigner utilement à domicile. »

« L'assistance médicale est due, à défaut de la famille, par l'unité administrative la plus petite, commune ou paroisse, à ceux des indigents malades qui ont chez elle leur domicile de secours. C'est elle qui doit dresser la liste des indigents admis à l'assistance médicale. Cette liste doit être toujours revisable. La commune ou paroisse doit être financièrement intéressée à sa limitation. Plusieurs communes ou paroisses doivent pouvoir se syndiquer pour assurer l'assistance médicale. »

« L'organisation doit être faite par une unité administrative supérieure à celle de la commune ou de la paroisse. Elle doit être telle que les communes ou paroisses plus riches aident les communes ou paroisses plus pauvres, que les départements ou provinces ou cercles plus riches aident les départements, ou provinces ou cercles plus pauvres, le tout avec le concours financier et le contrôle effectif de l'État. »

Tous ces détails étaient nécessaires à connaître, puisque c'est de toutes ces résolutions et de tous ces principes — qui devaient du reste faciliter beaucoup sa tâche — que l'administration s'inspira.

Avec un empressement auquel il convient de rendre hommage, elle put, dès la fin de 1889, présenter un projet de loi sur l'assistance médicale gratuite. Ce projet, soumis d'abord à l'examen du conseil supérieur de l'assistance, fut adopté par lui après un nouveau rapport de M. le docteur Dreyfus-Brisac et quelques modifications, presque toutes acceptées par le gouvernement.

Le projet ainsi adopté fut déposé le 5 juin 1890 sur le bureau de la Chambre des députés, au nom du président de la République, par MM. Constans, Faillières et Rouvier, ministres. La Chambre le renvoya à une commission, déjà saisie d'une proposition de loi de M. Déjardin-Walsender, tendant à la création d'hôpitaux-hospices cantonaux, ayant pour but d'assurer aux populations rurales l'assistance en cas de maladie. La commission se rallia en principe, et sauf quelques modifications de détail, au projet du gouvernement et confia à son rapporteur, M. le docteur Emile Rey, le soin de le soutenir. M. Henri Monod, directeur de l'assistance et de l'hygiène publiques, fut nommé commissaire du gouvernement et la Chambre adopta, presque sans discussion, en première et en seconde lecture (11 juin et 12 décembre 1892) le projet de loi soutenu par sa commission.

Devant le Sénat, les choses n'allèrent point si vite et il fallut discuter davantage. Le projet voté par la Chambre des députés fut présenté à la Haute Assemblée dans la séance du 23 décembre 1892 par MM. Loubet, Tirard et Bourgeois. L'exposé des motifs insistait sur la nécessité de réaliser dans le plus bref délai possible cette réforme de l'assistance médicale gratuite si impatiemment attendue.

La commission, nommée pour l'examen du projet, se montra favorable et choisit comme rapporteur

M. Théophile **Roussel**, dont le nom est lié à toutes les réformes d'assistance accomplies par la troisième République.

Le Sénat discuta et vota le projet en première lecture dans les séances des 13 et 16 mars 1893. Grâce à l'intervention autorisée du rapporteur et du commissaire du gouvernement, plusieurs amendements proposés furent retirés par leurs auteurs.

Toutefois, MM. Merlet et de Carné proposèrent une modification à l'article 24. Le texte de l'article 24 voté par la Chambre portait : « Le prix de la journée des malades, traités dans l'hôpital aux frais de la commune, sera réglé par arrêté du préfet, sur la proposition des commissions administratives. » L'amendement voté par le Sénat transportait le droit de fixer le prix de la journée du préfet au Conseil général. C'était une grave modification, car il était à craindre qu'en certains cas les intérêts des hôpitaux ne fussent sacrifiés à ceux du département qui, pour ne pas obérer son budget, fixerait un prix de journée parfois inférieur à la réalité des choses.

Entre la première et la seconde lecture, la commission des finances du Sénat devait émettre son avis sur les conséquences financières que pourrait avoir la réforme projetée. La question menaçait de s'éterniser, quand le directeur de l'assistance et de l'hygiène publiques remit au président du Conseil un rapport où la question financière était serrée de très près et dont la conclusion fort encourageante constatait que, tout bien considéré, le total des dépenses nouvelles nécessitées par le projet voté par la Chambre ne dépasserait guère 7 millions de francs, exactement 7.075.515 francs. En présence de ce document officiel, les scrupules du Sénat disparurent et la commission des finances donna un avis pleinement favorable. D'autre part, les pouvoirs de la Chambre allaient bientôt expirer. Réformer le projet sur d'autres points, même avec l'accord du gouvernement, c'était le renvoyer devant une nouvelle Chambre qui peut-être le modifierait à son tour, retardant ainsi d'une manière indéfinie une loi nécessaire et depuis si longtemps désirée. Le Sénat le comprit ; plusieurs amendements furent retirés par leurs auteurs, et la Chambre haute adopta purement et simplement le projet voté par la Chambre des députés, renonçant ainsi à toute modification, et notamment à celle qu'elle avait entendu apporter à l'article 24, dans sa séance du 16 mars 1893.

La loi était donc définitivement votée, et il ne restait plus qu'à l'appliquer.

Elle fut promulguée le 15 juillet 1893 et insérée au *Journal officiel* du 18 juillet.

Ainsi qu'on le voit, le vote de la loi avait été incertain jusqu'au dernier moment. D'autre part, des raisons budgétaires ne permettaient pas l'application immédiate de la loi. Elle ne devait guère s'appliquer qu'en 1895. Néanmoins, plusieurs circulaires ministérielles — notamment celles du 31 juillet et du 8 août 1894 — ont recommandé une prompte organisation du service médical gratuit et fixé d'une manière précise les règles d'application de la loi du 15 juillet 1893.

Nous allons maintenant — et ce sera l'objet de la seconde partie de ce travail — étudier la loi du 15 juillet 1893 en elle-même et l'analyser en ses dispositions principales.

DEUXIÈME PARTIE

LA LOI DU 15 JUILLET 1893

CHAPITRE PREMIER

CARACTÈRES GÉNÉRAUX DE LA LOI DU 15 JUILLET 1893

Avant d'analyser une loi, quel qu'en soit l'objet, il est nécessaire, si l'on tient à s'en faire une idée bien nette et à ne pas sacrifier l'ensemble aux détails, d'en indiquer rapidement les caractères généraux, qui, une fois mis en lumière, fourniront des indications précieuses pour la compréhension de certains articles ne présentant pas toujours une netteté suffisante.

A quel courant d'idées, à quelles causes profondes est due la loi du 15 juillet 1893, qui — nous

l'avons vu dans la première partie — était si impérieusement réclamée ?

A notre sens, elle est surtout inspirée par l'idée
de solidarité qui, vague et indistincte d'abord, s'est
épanouie et précisée au fur et à mesure que la civi-
lisation a progressé.

Que voit-on, en effet, à l'origine ? Le riche fournit
au malheureux un modique secours soit en argent,
soit en nature. Il agit ainsi ou bien par bonté d'âme,
parce qu'il compatit réellement aux souffrances du
pauvre, ou bien par devoir parce que la religion —
par exemple — lui en fait une obligation morale, ou
bien enfin — il faut l'avouer — par pur égoïsme,
car l'aspect de la misère et de la souffrance vient le
troubler dans sa jouissance et lui cause une impression pénible qu'il entend dissiper au plus vite. C'est
du reste tellement vrai qu'ici le signe est la repré-
sentation exacte de la chose signifiée ; on dit : « le
riche fait l'*aumône* » sans songer que ce mot d'aumône a quelque chose d'humiliant aussi bien pour
le riche qui donne, que pour le pauvre qui reçoit.

Un peu plus tard, et dans une période en quelque sorte intermédiaire, l'idée religieuse prédo-
mine ; de simple faculté qu'elle était d'abord, l'aumône devient un devoir moral sanctionné par des
peines d'ordre religieux, et, pour exprimer cette
nouvelle idée, ce nouvel état, on emploie un autre

mot : charité, et l'on pose en principe que le riche doit être charitable. Il y a déjà là un progrès incontestable, puisque l'on rencontre l'idée de devoir très incomplète encore, il est vrai, car nous n'y apercevons aucun droit corrélatif.

Enfin, avec la Révolution, des tendances nouvelles se font jour qui, trop longtemps contenues, se développent avec une singulière rapidité. Sous l'influence des philosophes du xviii\u1d49 siècle, de J.-J. Rousseau en particulier, on arrive à dire que si — théoriquement — la société a des droits envers les individus, elle a aussi des devoirs. La Révolution proclame bien haut les grands principes d'égalité et de fraternité.

Montesquieu avait dit : « L'Etat doit à tous les citoyens une subsistance assurée. » Rousseau avait ajouté : « Tout homme a naturellement droit à ce qui lui est nécessaire. » Les assemblées révolutionnaires s'emparent de ce nouveau principe et s'occupent d'en assurer l'application.

La loi du 24 vendémiaire an II, dont nous avons déjà parlé, pose, d'une façon absolue et sans aucune restriction, le principe du droit à l'assistance pour chaque indigent. En effet, puisque la société représentée par l'Etat doit, au nom du principe de solidarité, assister chaque indigent, l'indigent doit, de son côté, pouvoir réclamer l'assistance. Nous aboutissons à l'*assistance obligatoire*.

A la réflexion, on s'aperçoit du reste qu'en définitive l'Etat doit assister l'indigent, ce devoir est en grande partie établi dans son intérêt, tant il est vrai que le juste et l'utile ne sont qu'une face différente de la même idée.

L'Etat doit secourir les enfants, car, ne l'oublions pas, chaque individu contribue pour sa part à la prospérité de la collectivité, or les enfants sont le *capital social de l'avenir*.

Il doit assister les indigents valides et les malades qui sont le *capital social présent* et qui, voyant qu'on leur refuse tout pourraient essayer de prendre tout et troubler ainsi le fonctionnement de l'organisme social au grand dommage de la collectivité.

La loi du 15 juillet 1893 — nous croyons l'avoir démontré — procède donc, comme toute bonne loi d'assistance, de la solidarité sociale. Elle doit logiquement proclamer en principe l'assistance médicale *obligatoire* qui, jusque-là, n'existait pour ainsi dire pas.

Si l'on s'en tenait aux travaux préparatoires, il semblerait que le législateur n'ait point voulu consacrer d'une façon expresse cette idée d'assistance obligatoire.

On lit, en effet, dans l'exposé des motifs du projet de loi présenté par le gouvernement : « Il n'y a pas dans l'affirmation du devoir social au regard du malade privé de ressources la reconnaissance pour l'individu secouru d'un droit à l'assistance. Même restreinte à l'assistance médicale la proclamation du droit à l'assistance se heurterait à bien des critiques et serait de nature à engager gravement la responsabilité pécuniaire et morale de la collectivité ». D'autre part, dans son rapport au Conseil supérieur de l'assistance publique, dont nous avons parlé plus haut, M. le docteur Dreyfus-Brisac écrit : « Assistance obligatoire et droit à l'assistance sont, a-t-on dit, deux termes corollaires ; rendre l'assistance obligatoire, c'est encourager l'indigent ou plutôt celui qui est sur les confins de l'indigence, à ne pas demander au travail sa subsistance ; c'est créer des armées de pauvres ; c'est étendre le fléau du paupérisme au lieu de le restreindre. Il en serait évidemment ainsi si l'on reconnaissait à l'indigent le droit de réclamer l'accomplissement du devoir social de l'assistance, si on lui donnait une créance contre la société. Nous n'hésitons pas à combattre cette manière de voir, où nous voyons une généreuse mais dangereuse utopie ». Enfin, M. Théophile Roussel, dans l'exposé des motifs qui précède sa proposition de loi de 1872, s'exprime ainsi : « La même loi sociale qui prescrit à la société d'assister l'indi-

gent dans ses souffrances et dans ses besoins prescrit avec une égale force à l'indigent valide le travail, la prévoyance et l'économie, qui, seuls, peuvent
créer des moyens d'assistance. Nous voyons ainsi
clairement la véritable harmonie sociale résulter
de l'accomplissement d'un double devoir et non de
la coexistence d'un devoir et d'un droit ».

Et cependant la loi du 15 juillet 1893 est la con-
sécration absolue de l'assistance obligatoire.

Que faut-il pour qu'il y ait réellement assistance
obligatoire ? Il faut : 1° qu'il y ait obligation pour
l'établissement de secourir ; 2° que cet établissement
puisse se créer les ressources nécessaires pour faire
face aux dépenses imposées ; 3° enfin, qu'il y ait
une garantie pour le créancier — dans l'espèce,
l'indigent malade — une voie de recours, une
sanction.

Or tout cela existe dans la loi de 1893. Les auteurs
de la loi de l'an II avaient bien dit que l'indigent
avait *droit* aux secours ; mais ils s'étaient contentés
de proclamer ce principe, sans lui donner de sanction : c'est cette faute qu'a voulu éviter le législateur de 1893, comme nous le verrons en faisant
l'analyse de la loi.

CHAPITRE II

ORGANISATION DE L'ASSISTANCE MÉDICALE

La loi du 15 juillet 1893 se divise en six titres
comptant en tout trente-six articles. Comme toute
analyse doit être aussi exacte que possible, nous
allons commenter les articles de la loi dans l'ordre
même où les a rangés le législateur.

Le titre premier qui compte cinq articles s'occupe
de l'organisation de l'assistance médicale et nous
indique d'abord, dans son article premier, à quelles
personnes doit s'appliquer la loi nouvelle. « Tout
Français malade, privé de ressources, reçoit gratuitement de la commune, du département ou de l'Etat,
suivant son domicile, l'assistance médicale à domicile, ou, s'il y a impossibilité de le soigner utilement à domicile, dans un établissement hospitalier. »

Il résulte donc de ce texte que tout Français malade et privé de ressources reçoit l'assistance. Mais, quel est le sens exact de ces mots « privé de ressources » ? On est généralement d'accord pour reconnaître que l'expression « privé de ressources » doit s'interpréter dans un sens aussi large que possible. Par conséquent, il n'est pas nécessaire pour obtenir le bénéfice de l'assistance médicale gratuite d'être inscrit sur la liste des indigents dressée par les bureaux de bienfaisance, ni même sur la liste d'assistance établie par la commission du bureau d'assistance. En effet, telle personne, admise au bénéfice des secours médicaux pendant la durée d'une maladie, peut en temps normal, alors qu'elle a la force physique nécessaire pour subvenir aux besoins matériels de l'existence, ne pas appartenir à la catégorie des personnes inscrites comme indigentes. Du reste, ainsi qu'on le fait très justement remarquer dans la jurisprudence générale de Dalloz, dans l'article premier de la loi de 1851, les mots. « privé de ressources » étaient déjà pris dans le sens que nous venons d'indiquer.

Les femmes en couche doivent être, d'après notre article, assimilées aux malades et traitées comme eux. Bien qu'elle soit toute naturelle, cette assimilation formellement reconnue par la loi que nous étudions n'était point générale autrefois.

Les blessés font partie de la catégorie des malades

auxquels s'applique notre article, qui ne s'occupe pas, remarquons-le bien, des vieillards et des infirmes incurables pour lesquels sont établis les hospices.

S'il s'agit d'un étranger, l'article nous dit, dans son troisième alinéa, qu'il sera assimilé à un Français toutes les fois que le gouvernement aura passé un traité d'assistance réciproque avec sa nation d'origine. S'il n'existe aucun traité entre la France et le pays dont l'étranger est originaire, cet étranger, à supposer bien entendu qu'il soit malade et privé de ressources, ne sera pas cependant privé de tout secours ; il pourra notamment se réclamer de l'article premier de la loi de 1851. Bien que ce dernier point ait été vivement controversé, il faut reconnaître que le sens très large que comporte l'expression « tout individu » de la loi de 1851 est en faveur de notre solution.

Quelle collectivité sera tenue de fournir l'assistance médicale gratuite ? L'article premier nous répond : celle du domicile de secours du malade privé de ressources ; ce sera la commune, ou le département, ou l'Etat, suivant les cas. Remarquons toutefois qu'il n'y a pas, ainsi qu'on pourrait le croire à première vue, de domicile de secours national. Nous le verrons plus loin, la loi de 1893 a seulement établi un domi-

cile de secours communal et un domciile de secours
départemental.

Enfin, comme nous l'avons fait remarquer au
début de notre étude, l'article premier place en première ligne l'assistance médicale à domicile. Ce n'est
que dans le cas où l'assistance médicale à domicile
est véritablement impossible, que l'hospitalisation
doit être accordée.

Nous venons de voir que certaines collectivités
sont tenues à fournir l'assistance médicale gratuite ;
cela suppose que chacune desdites collectivités
pourra avoir un recours dans les cas où elle aura
payé pour un autre. L'article 2 va nous apprendre
qui peut exercer ce recours et contre qui il peut
être exercé. L'article 2 est ainsi conçu : « La commune, le département ou l'Etat peuvent toujours
exercer leur recours, s'il y a lieu, soit l'un contre
l'autre, soit contre toutes personnes, sociétés ou
corporations tenues à l'assistance médicale envers
l'indigent malade, notamment contre les membres
de la famille de l'assisté désignés par les articles
205, 206, 207 et 212 du Code civil ».

Donc, aux termes de l'article 2, c'est la commune,
le département ou l'Etat qui ont droit d'exercer un
recours contre le débiteur tenu à la dette d'assistance. Chacune de ces collectivités, de ces unités
administratives, n'est considérée que comme un

débiteur subsidiaire et peut former contre le débiteur principal (personne, société ou corporation) une demande en remboursement de ses avances. La loi ne range pas l'hôpital parmi les personnes morales autorisées à exercer un recours : une telle disposition eût été inutile. Si le malade est entré à l'hôpital en vertu de la loi de 1851, on appliquera purement et simplement l'article 1166 du Code civil ; s'il y est entré en vertu de la loi que nous analysons, l'hôpital pourra répéter directement le prix de la journée contre le service départemental d'assistance médicale gratuite. C'est du reste ce qu'a compris le Sénat lorsque, dans sa séance du 11 juillet 1893, il a rejeté un amendement de M. Lesouef tendant à ranger l'hôpital au nombre des personnes morales qui auraient droit d'exercer un recours.

Contre qui peut être exercé ce recours?

1° Contre les collectivités administratives : commune, département, Etat, qui doivent des secours aux malades ;

2° Contre les personnes, sociétés ou corporations tenues à l'assistance médicale envers ce malade.

Lorsqu'une collectivité, la commune par exemple, aura un recours à former contre la collectivité du domicile du malade, elle le formera par voie administrative et par l'intermédiaire du préfet. S'il s'agit d'un établissement hospitalier, la commission administrative qui le représente s'adressera également au préfet pour former son recours. Si le recours est exercé « contre toutes personnes, sociétés ou corporations tenues à l'assistance envers l'indigent malade », il faut distinguer suivant qu'il sera formé ou par l'établissement hospitalier, ou par la commune, ou bien par le département ou l'Etat lui-même.

Dans le premier cas, le recours est régi par l'article. 5 de la loi du 7 août 1851 ainsi conçu : « L'administration des hospices et hôpitaux peut toujours exercer son recours, s'il y a lieu, contre les membres de la famille du malade. du vieillard ou de l'incurable désignés par les articles 205 et 206 du Code civil ». D'autre part, le recours peut toujours être exercé par l'établissement hospitalier contre le malade lui-même, lorsque celui-ci a cessé d'être indigent, d'être privé de ressources, c'est-à-dire de remplir précisément une des conditions exigées par la loi de 1851 pour obtenir la gratuité des secours hospitaliers. Ainsi donc, et pour nous résumer, l'hôpital aura un double recours : « 1° contre le malade lui-même, s'il revient à meilleure fortune, ou contre sa succession, ou même contre ses débiteurs ; 2° contre les membres de la famille désignés par les articles 205 et 206 du Code civil.

Cette multiplicité des recours a précisément pour but de permettre à l'hôpital de se faire indemniser dans la plupart des cas des sommes dues pour l'hospitalisation d'un malade.

S'il s'agit, au contraire, de la commune, du département ou de l'Etat, leur recours est consacré par notre texte et résulte également du droit commun et notamment de l'article 1166 du Code civil qui a une portée d'application générale. Du reste, il a été jugé à plusieurs reprises que le recours de l'assistance publique procède de la nature de la créance alimentaire. Par conséquent, il ne pourra s'exercer que si, au moment où les dépenses d'assistance ont été faites, les membres de la famille pouvaient venir en aide à leur parent indigent. En outre, le recours ne pourra s'exercer que contre les parents qui, aux termes du Code civil, sont tenus à la dette alimentaire. Il ne pouvait être, en effet, dans la pensée du législateur de changer dans une loi spéciale les principes du droit commun, et de modifier d'une façon détournée le système adopté par le Code civil en matière de dette alimentaire. C'est ainsi, par exemple, que le recours en remboursement des frais d'assistance médicale n'existera pas contre les frères et sœurs, beaux-frères et belles-sœurs de l'assisté qui ne sont pas tenus vis-à-vis de lui de la dette alimentaire.

L'article 3 fixe les conditions dans lesquelles aura lieu le traitement des malades des communes rattachées, par un règlement ou un décret, à un hôpital désigné. Il est ainsi conçu : « Toute commune est rattachée pour le traitement de ses malades à un ou plusieurs hôpitaux les plus voisins. Dans le cas où il y a impossibilité de soigner utilement un malade à domicile, le médecin délivre un certificat d'admission à l'hôpital. Ce certificat doit être contresigné par le président du bureau d'assistance ou son délégué. L'hôpital ne pourra réclamer à qui de droit le remboursement des prix de journées qu'autant qu'il représentera le certificat ci-dessus. » Remarquons d'abord, ainsi que nous l'avons déjà fait ressortir, que l'assistance hospitalière n'est donnée que dans le cas où il y a *impossibilité* de soigner utilement à domicile ; à cet égard notre texte est formel. Cette disposition se justifie à un triple point de vue : moral, hygiénique et économique. Au point de vue moral, l'assistance médicale à domicile permet au malade de rester au sein de sa famille, d'y recevoir les consolations et les soins de parents et d'amis dévoués. Au point de vue hygiénique, on peut dire que le malade guérira plus rapidement s'il reste chez lui, dans le même milieu, respirant le même air et pouvant — dans une certaine mesure — s'occuper de ses affaires, entouré des objets qui lui sont le plus chers. Au point de vue économique, et c'est là surtout la raison capitale, essentielle de la préférence accordée par la loi au traitement à domicile, on peut dire que, d'une manière générale, le traitement à domicile coûte beaucoup moins que l'hospitalisation qui entraîne souvent des frais de transport et d'installation relativement considérables. On a calculé, en effet, que le traitement à l'hôpital coûte cinq fois plus que le traitement à domicile, et c'est précisément, ne l'oublions pas, le manque de ressources qui a empêché pendant longtemps le fonctionnement du service médical gratuit dans les campagnes.

Néanmoins, dans certains cas, le traitement à domicile est impossible, soit en raison de la nature de la maladie, soit à cause de l'insalubrité du domicile du malade. Alors, mais dans ces cas seulement, on devra pratiquer l'hospitalisation.

Notre article exige que l'impossibilité de soigner le malade à domicile soit constatée par un certificat médical, et il faut bien remarquer que le médecin devra donner les motifs de cette impossibilité. Ce serait aller contre l'esprit de la loi que d'admettre comme valable un bulletin médical qui se bornerait à constater qu'il y a impossibilité de soigner le malade à domicile, sans indiquer en même temps les raisons de cette impossibilité. Le certificat devra être consigné par le président du bureau d'assistance, c'est-à-dire par le maire ou son délégué. Ce contreseing obligatoire a une double utilité : 1° il permet au bureau d'assistance de se tenir au courant des admissions requises et de se rendre ainsi compte, jour par jour, des charges que l'assistance fait peser sur la commune; 2° il atteste l'engagement pris par la municipalité envers l'administration hospitalière. Enfin, ainsi que le dit notre article *in fine*, l'établissement hospitalier devra, toutes les fois qu'il voudra se faire rembourser, produire le certificat dont nous venons de parler.

L'art. 4 est ainsi conçu : « Il est organisé dans chaque département, sous l'autorité du préfet et suivant les conditions déterminées par la présente loi, un service d'assistance médicale gratuit pour les malades privés de ressources.— Le conseil général délibère dans les conditions prévues par l'art. 48 de la loi du 10 août 1871 : 1° sur l'organisation du service de l'assistance médicale, la détermination et la création des hôpitaux auxquels est rattachée chaque commune ou syndicat de communes; 2° sur la part de la dépense incombant aux communes et au département. »

Le législateur, s'inspirant des idées admises et des principes appliqués dans les départements où fonctionnait déjà un service d'assistance médicale

et tenant compte des vœux émis par le conseil supérieur de l'assistance publique, a fait de l'assistance médicale gratuite un service départemental.
Cette décentralisation, si l'on peut ainsi l'appeler,
était nécessaire en notre matière où l'État n'aurait
pas possédé des moyens d'action suffisants pour se
charger d'un service aussi délicat et aussi difficile
que celui de l'assistance médicale gratuite. D'autre
part, en vertu même de ses fonctions, le préfet,
agent du pouvoir central et exécuteur des décisions
du conseil général, était tout indiqué pour devenir
le chef responsable du nouveau service. L'État ne
devait intervenir que secondairement et à titre subsidiaire. Quant à l'organisation même du service,
elle est confiée aux soins du conseil général ; le législateur lui a laissé la plus grande latitude sous la
seule condition de se maintenir toujours dans les
grandes lignes tracées par la nouvelle loi. L'organisation variera donc suivant les nécessités locales
qui détermineront d'ordinaire le choix du conseil
général. A l'heure actuelle, trois systèmes d'organisation sont en présence, qui sont ainsi désignés
d'ordinaire : système de la médecine cantonale,
système de la circonscription médicale et système
landais.

Le *système de la médecine cantonale*, le premier en date, fut inauguré en Alsace dans les pre-

mières années du siècle. Le préfet désigne pour chaque canton un médecin chargé de soigner tous les malades indigents. Ce médecin reçoit une indemnité fixe proportionnée à l'étendue du canton et au nombre présumé des indigents. Le médecin devient en quelque sorte un fonctionnaire chargé de soigner tous les indigents malades du canton qui ne peuvent s'adresser qu'à lui. Ce système, d'abord favorablement accueilli, est depuis longtemps déjà l'objet de vives critiques.

Dans le *système de la circonscription médicale,* la circonscription remplace le canton avec lequel elle ne se confond pas nécessairement. Les limites de la circonscription correspondent, autant que possible, à celles de la clientèle habituelle du médecin. Tous les médecins qui se font inscrire au service deviennent médecins de l'assistance et soignent tous les indigents qui se trouvent dans l'étendue de leur clientèle ordinaire. Le médecin n'est plus, comme tout à l'heure, une sorte de fonctionnaire, de médecin officiel.

Dans le *système landais,* ainsi appelé parce qu'il a été appliqué pour la première fois dans le département des Landes, toutes les communes qui veulent jouir du bénéfice d'une association collective pour le service de la médecine gratuite votent une somme proportionnée à leurs ressources et au nombre de leurs indigents. Tous les médecins et pharmaciens qui acceptent un tarif fixé d'avance peuvent prendre part au service et sont payés sur le fonds commun départemental. Chaque malade choisit parmi les médecins de sa circonscription qui ont accepté le tarif celui qui lui plaît.

Ce mécanisme a été appliqué dans le département des Vosges avec quelques modifications, d'où le nom de *système vosgien* qu'on lui donne quelquefois.

Dans le *système vosgien*, le malade indigent choisit le médecin qui lui plaît. Le médecin est libre d'accepter ou non, et sa rémunération est proportionnelle aux services qu'il a rendus. Les consultations sont gratuites et faites par le médecin aux jours et heures qu'il fixe. Ses déplacements lui sont payés à raison de 1 fr. par kilomètre (aller seul compris et de 1 fr. la visite. Tous les ans, les médecins présentent à l'administration la note de leurs honoraires, en ajoutant, comme pièces à l'appui, les réquisitions des maires. Si les fonds disponibles ne suffisent pas à payer le total des honoraires, les médecins acceptent de subir une réduction proportionnelle au montant de leurs honoraires respectifs, de façon à ce qu'il n'y ait pas de déficit dans le budget. Ajoutons que ce dernier système paraît avoir les préférences du corps médical.

Dans chaque département, les conseils généraux ont donc à choisir entre les divers systèmes que nous venons d'exposer, à fixer le mode de rémunération des médecins, à déterminer ou même à créer les hôpitaux auxquels chaque commune se trouvera rattachée, à fixer la part de dépense incombant aux communes ; en un mot, à organiser l'assistance médicale gratuite. Bien entendu, ainsi que le dit notre article, le conseil général, en toutes matières, ne statue pas définitivement. Il prend une délibération dans les conditions de l'art. 48 de la loi du 10 août 1871, c'est-à-dire que le gouvernement a le droit, par un décret motivé, de suspendre la délibération prise par le conseil général. Rappelons pour mémoire que le décret de suspension doit intervenir dans un délai de trois mois à partir de la clôture de la session.

L'art. 5 prévoit le cas où le conseil général n'aurait pas pris de délibération ou aurait pris une délibération suspendue par décret du chef de l'État, ainsi que nous venons de l'expliquer, et il nous dit que, dans ce cas, « il sera pourvu à la réglementation du service par un décret rendu dans la forme des règlements d'administration publique », c'est-à-dire un décret rendu en Conseil d'État.

Cette disposition était nécessaire pour assurer l'organisation de l'assistance médicale. En effet, il

peut arriver qu'un conseil général, pour une raison
ou pour une autre, refuse de délibérer et d'assurer,
par là même, l'existence du service médical gratuit.
Dans ce cas, comme l'intérêt supérieur et général,
doit toujours primer l'intérêt local, le pouvoir central aura le droit, grâce à l'art. 5, de se substituer,
en quelque sorte, au conseil général et de fixer, par
un règlement rendu en conseil d'Etat, l'organisation
et le fonctionnement de l'assistance médicale gratuite. Ajoutons d'ailleurs, pour rendre un juste
hommage à l'esprit d'humanité des conseils généraux, que le gouvernement n'a pas eu, jusqu'à ce
jour, l'occasion d'invoquer l'art. 5. Les assemblées
départementales ont compris qu'il s'agissait là,
avant tout, d'une œuvre essentiellement démocratique et sociale, aussi n'ont-elles point marchandé
leur concours et leur dévouement.

CHAPITRE III

DOMICILE DE SECOURS

Nous avons vu dans le titre premier, que nous venons d'analyser, que la collectivité tenue de supporter les frais occassionnés par l'assistance médicale gratuite était celle du domicile du malade indigent. Il y a donc le plus grand intérêt à savoir comment et suivant quelles règles sera déterminé le domicile de l'indigent malade que l'on appelle couramment en doctrine : *le domicile de secours*. Le titre II, qui comprend les articles 6, 7, 8 et 9, va nous l'apprendre.

La loi du 25 Vendémiaire an II, qui reconnaît à tout indigent le droit à l'assistance, avait nettement réglementé la question du domicile de secours. D'après cette loi, chacun avait son domicile de secours au lieu de sa naissance et le conservait tant

qu'il n'en avait pas acquis un autre. Etait réputé
lieu de naissance le domicile habituel de la mère au
moment de l'accouchement, c'est-à-dire sa résidence ordinaire et volontaire. Le domicile ainsi
acquis à l'enfant lui était conservé jusqu'à 21 ans
et même après cet âge, s'il n'en avait pas acquis un
autre par des faits à lui personnels. On pouvait
acquérir le domicile de secours dans une commune
par un an de séjour volontaire dans cette commune ;
toutefois, le délai était réduit à six mois pour ceux
qui, s'étant mariés dans une commune, venaient y
résider. La loi de vendémiaire an II, que nous
venons d'analyser brièvement au point de vue du
domicile de secours, n'a jamais été expressément
abrogée ; mais on peut dire qu'en fait elle n'a
jamais été appliquée, puisque, avant la loi du
15 juillet 1893, l'assistance médicale gratuite n'existait pour ainsi dire pas en France.

On s'est demandé, et la question est encore à
l'heure actuelle controversée, si la loi de vendémiaire n'avait pas été tacitement abrogée, au point
de vue des règles du domicile, par notre titre qui
a établi des règles nouvelles en matière de domicile
de secours.

C'est l'art. 36 de la loi de 1893 qui a donné lieu à
cette controverse. Cet article est ainsi conçu : « sont
abrogées les dispositions du décret du 24 vendé-

miaire an II, en ce qu'elles ont de contraire à la présente loi ».

Ceux qui soutiennent que le législateur de 1893 à entendu édicter un code nouveau du domicile du secours, invoquent en faveur de leur théorie l'arrêt rendu par le conseil d'Etat, le 12 février 1897, qui attribue aux aliénés le domicile de secours de la loi de 1893. De plus, disent-ils, si le législateur avait voulu simplement indiquer que la nouvelle réglementation du domicile de secours n'était applicable qu'aux malades, il aurait dû rédiger ainsi son article : « sont abrogées les dispositions du titre V (c'est-à-dire du titre du domicile de secours) du décret-loi du 24 vendémiaire an II, en ce qu'elles ont de contraire à la présente loi », car, dans la loi de vendémiaire, seul le titre V est contraire à notre loi.

Enfin, en pratique, on applique les règles du domicile de 1893 pour les enfants assistés. Quant aux vieillards et aux indigents valides, ce sont les règlements intérieurs des commissions administratives qui font loi, donc pas d'intérêt.

Cependant, à notre sens, il faut répondre que le législateur de 1893 n'a point entendu édicter un code nouveau du domicile de secours.

En effet, le titre II de la loi du 15 juillet 1893 se réfère uniquement au domicile de secours envisagé au point de vue de l'assistance médicale gratuite et non pas par rapport à d'autres modes d'assistance, ni à d'autres catégories d'assistés. Spéciale aux malades indigents et privés de ressources, la loi de 1893 ne doit pas être étendue à d'autres catégories d'assistés, même dans celles de ses dispositions relatives au domicile de secours. Ni les travaux préparatoires, ni le texte, ni l'esprit de la loi ne permettent de répondre par l'affirmative.

Ajoutons que l'art. 8 de la loi de 1893 nous montre bien que cette loi NE s'applique QU'aux malades indigents : « à défaut du domicile de secours communal, l'*assistance médicale* incombe au département dans lequel le *malade* privé de ressources aura son domicile de secours. Quand le *malade* n'a ni domicile de secours communal, ni domicile de secours départemental, l'*assistance médicale* incombe à l'Etat ». Comme le dit fort bien M. Derouin (*Traité du domicile de secours*, § 60), « il résulte encore des termes du même art. 8 que le domicile de secours dont il est question dans le titre II de la loi de 1893 est celui qui s'applique à un mode d'assistance confié d'abord à la commune, subsidiairement au département, plus subsidiairement encore à l'Etat. Or, dans l'organisation actuelle des services d'assistance en France, la seule catégorie d'assistés, au sujet desquels il y ait intérêt à déterminer le domicile de secours, qui soient appelés à recourir d'abord à l'aide de la commune, subsidiairement à celle du département, plus subsidiairement encore à celle de l'Etat, sont les indigents malades. Les aliénés, les enfants assistés ou moralement abandonnés n'ont pas à recourir à l'assistance de la commune ; ils s'adressent directement et sans intermédiaire à l'assistance du département. »

Dans son article 36, le législateur de 1893 a sans doute voulu dire que les dispositions de la loi de vendémiaire étaient abrogées, en matière d'assistance médicale gratuite, pour ce qui concerne les cas réglementés par le titre II de la présente loi.

Maintenant que nous sommes fixés sur la portée d'application de ce titre II, et que nous avons conclu qu'il ne s'applique qu'en matière d'assistance médicale gratuite, voyons comment sont conçues les nouvelles règles du domicile de secours.

Le domicile de secours, comme l'avait établi la loi de vendémiaire, présentait de graves inconvénients. D'une part, la loi attachait trop d'importance au domicile fixé par la naissance et il pouvait arriver qu'un individu eût son domicile de secours dans un endroit où il n'avait pas paru depuis de nombreuses années. D'autre part, elle n'avait pas respecté le lien de famille en séparant parfois des domiciles qui auraient dû toujours être réunis : dans une même famille, le père, la mère et les enfants pouvaient avoir chacun un domicile de secours dif-férent. Le législateur de 1893 a essayé de pallier ces inconvénients en établissant d'autres règles.

L'art. 6 nous dit : « Le domicile de secours s'acquiert : 1° par une résidence habituelle d'un an dans une commune, postérieurement à la majorité ou à l'émancipation ; 2° par la filiation. L'enfant a le domicile de secours de son père. Si la mère a survécu au père, ou si l'enfant est un enfant naturel reconnu par sa mère seulement, il a le domicile de sa mère. En cas de séparation de corps ou de divorce des époux, l'enfant légitime partage le domicile de l'époux à qui a été confié le soin de son éducation ; 3° Par le mariage. La femme, du jour de son mariage, acquiert le domicile de secours de son mari. Les veuves, les femmes divorcées ou séparées de corps, conservent le domicile de secours antérieur à la dissolution du mariage ou au jugement de séparation. Pour les cas non prévus dans le présent article, le domicile de secours est le lieu de la naissance jusqu'à la majorité ou à l'émancipation. »

Donc, aux termes de notre article, le domicile de secours s'acquiert par la résidence, par la filiation, par le mariage et enfin, très subsidiairement, par la naissance. Examinons successivement chacune de ces quatre sources.

La résidence acquisitive du domicile de secours
est une résidence habituelle d'un an dans une commune postérieurement à la majorité ou à l'émancipation. La *résidence* doit être *habituelle*, ce qui
suppose qu'un individu s'est établi dans une commune avec l'intention bien arrêtée d'y demeurer.
Du reste, s'il faut pour acquérir le domicile de secours résider habituellement dans la commune, la
continuité absolue dans la résidence n'est pas indispensable. Une circulaire du préfet des Deux-Sèvres,
du 16 janvier 1895, nous dit à ce sujet : « Un homme
ou une femme qui louent leurs services pendant la
durée des récoltes, mais qui reviennent habituellement passer dans une commune leur temps de chô-
mage, ont leur domicile de secours dans cette commune. De même, le marchand forain qui a ses
approvisionnements dans une localité d'où il s'éloigne
temporairement pour son commerce, conserve son
domicile de secours dans cette localité. »

Il faut, de plus, que la *résidence* soit *volontaire*.
Ainsi, un condamné dans une prison, un aliéné dans
un asile ne sont pas en état d'acquérir par leur séjour un droit au domicile de secours. Il ne faudrait
cependant pas exagérer la portée du mot *volontaire*.
Un fonctionnaire public ne choisit pas toujours libre-
ment le lieu de sa résidence ; il acquiert néanmoins
par un séjour d'un an droit au domicile de secours

dans le lieu où il remplit ses fonctions. Cette solution est conforme à l'équité puisque ce fonctionnaire payera des impôts, des centimes additionnels, au profit de la collectivité dont il fait momentanément partie. Remarquons aussi que la résidence habituelle d'un an ne court utilement que « postérieurement à la majorité ou à l'émancipation ».

Filiation. — Pour conserver aux divers membres d'une famille le même domicile de secours, l'art. 6, alinéa II, attribue à l'enfant le domicile de secours du père, et, dans le cas de survivance de la mère ou de reconnaissance d'un enfant naturel par la mère seule, le domicile de secours de la mère. En cas de séparation de corps ou de divorce, l'enfant légitime partage le domicile de l'époux à qui a été confié le soin de son éducation. Ces règles se comprennent aisément et sans qu'il soit besoin d'une longue explication. Le seul reproche à adresser au législateur sur ce point, c'est de ne pas avoir prévu un certain nombre d'hypothèses comme, par exemple, le cas de l'enfant posthume ou du mineur en tutelle, de nature à se présenter assez souvent en pratique et à embarrasser l'interprète qui ne trouvera dans le texte aucune indication précise.

Le troisième alinéa de l'art. 6 nous dit que, du jour de son mariage, la femme acquiert, par le seul fait de ce mariage, le domicile de secours de son mari. Cette disposition s'explique par le désir qu'a eu le législateur d'unifier le domicile de secours des époux. La femme conserve le domicile de secours de son mari alors même que les époux vivraient séparés de fait ; et même, au cas où un divorce a eu lieu, ou bien si un jugement de séparation est intervenu, la femme conserve le domicile de secours de son mari tant qu'elle ne l'a pas perdu en en acquérant un nouveau. A cet égard, le texte est formel et ne permet pas d'hésiter.

Enfin, l'art. 6, *in fine*, nous dit que, dans les cas non prévus, le domicile de secours sera le lieu de naissance, jusqu'à la majorité ou à l'émancipation. Peut-être, ainsi qu'on l'a fait remarquer, eût-il été plus exact de dire : le domicile de secours sera le lieu de naissance jusqu'au jour où l'assisté en aura acquis un autre, car il faut bien observer que le fait seul de l'émancipation ou de la majorité ne fait pas perdre un domicile de secours. Si un individu, dont le domicile de secours se trouve déterminé par le lieu de naissance, arrive à sa majorité et ne fait pas d'acte personnel qui puisse lui en faire acquérir un autre, il conserve toujours le premier. Les travaux préparatoires et la circulaire ministérielle du 18 mai 1894 sont en ce sens.

Nous venons de voir comment s'acquiert le domicile de secours ; l'art. 7 va nous apprendre comment il se perd.

L'art. 7 est ainsi conçu : « Le domicile de secours se perd : 1° par une absence ininterrompue d'une année, postérieurement à la majorité ou à l'émancipation ; 2° par l'acquisition d'un autre domicile de secours. Si l'absence est occasionnée par des circonstances excluant toute liberté de choix de séjour ou par un traitement dans un établissement hospitalier situé en dehors du lieu habituel de résidence du malade, le délai ne commence à courir que du jour où ces circonstances n'existent plus. »

Puisque la fixation du domicile de secours est importante pour déterminer de façon certaine quelle collectivité sera tenue de supporter les charges de l'assistance médicale gratuite, il est nécessaire, d'autre part, d'indiquer quand et comment il se perd, de façon à dégréver une collectivité quand un indigent cesse d'en faire partie. Or notre texte nous dit : le domicile de secours se perd : 1° par l'*absence* ; 2° par l'*acquisition d'un autre domicile de secours.*

L'absence doit remplir ici quatre conditions : Elle doit être ininterrompue, volontaire, d'une durée d'un an et postérieure à la majorité ou à l'émancipation.

L'absence doit d'abord être ininterrompue, c'est-à-dire qu'à aucun moment l'indigent ne doit revenir avec la pensée de s'installer à nouveau dans le lieu qu'il vient de quitter. Néanmoins, il ne faut pas exagérer le sens du qualificatif employé par la loi. Il est bien évident, par exemple, que si l'indigent qui a quitté une commune y revient une fois par hasard et pour un temps relativement court, on ne pourra pas dire pour cela qu'il y a eu interruption d'absence. C'est là une question de fait qui, en cas de contestation, serait laissée à l'appréciation des autorités compétentes.

L'absence doit durer au moins un an, et, enfin, elle doit être postérieure à la majorité ou à l'émancipation, puisque, jusqu'à la majorité, l'enfant a le même domicile de secours que ses parents. L'absence doit être volontaire, et — si elle n'est pas volontaire — le délai d'un an ne commence à courir que du jour où les circonstances qui ont occasionné l'absence cessent d'exister. Cette dernière disposition est la conséquence nécessaire du principe posé par la loi que l'absence doit être volontaire pour entraîner la perte du domicile de secours.

L'art. 7 nous dit encore : la perte du domicile de secours peut s'opérer par l'acquisition d'un autre domicile de secours. Nous avons vu plus haut qu'il n'y avait qu'une seule collectivité tenue de fournir l'assistance médicale gratuite. Il était donc logique d'admettre qu'un indigent doit perdre son domicile de secours primitif par le fait seul qu'il en acquiert un nouveau. Du reste, le décret de vendémiaire an II disposait déjà : « Nul ne pourra exercer, en même temps, dans deux communes le droit de domicile de secours. » Conformément à ce texte, le Conseil d'Etat avait décidé en plusieurs arrêts que le fait, par un indigent, d'acquérir un nouveau domicile de secours le privait du droit de réclamer le bénéfice du domicile de secours dans son ancienne résidence, dans son ancienne commune.

Il peut arriver qu'un indigent, n'ayant point rempli les conditions prévues par les articles précédents, n'ait pas acquis de domicile de secours communal. Que va-t-il arriver ? L'art. 8 nous dit : « A défaut de domicile de secours communal, l'assistance médicale incombe au département dans lequel le malade privé de ressources aura acquis son domicile de secours. » La loi établit donc, à côté du domicile de secours communal, un domicile de secours départemental. Notre texte est l'application pure et simple de ce principe : l'assistance médicale est due, à défaut de la famille, par l'unité administrative la plus petite : paroisse, commune, département ou cercle. Si, enfin, le malade indigent n'a ni domicile de secours communal, ni domicile de secours départemental, l'assistance médicale restera à la charge de l'Etat. C'est ce que nous dit le second alinéa de l'art. 8 : « Quand le malade n'a ni domicile de secours communal, ni domicile de secours départemental, l'assistance médicale incombe à l'Etat. » Cette dernière disposition est de nature à recevoir une fréquente application. Les vagabonds deviennent de plus en plus nombreux, et ce sont eux surtout qui remplissent les hôpitaux et ont besoin de l'assistance médicale gratuite. Est-ce à dire que le législateur ait voulu, à côté du domicile de secours départemental, établir un domicile de secours national ? Bien que la question ait été l'objet de vives controverses, il semble que la négative s'impose. En effet, d'une part les explications fournies au Sénat, au moment de la discussion de la loi par M. Théophile Roussel, rapporteur, et par M. Monod, commissaire du Gouvernement, montrent bien qu'il n'était pas question d'établir un domicile de secours national. D'autre part, par quelles règles sera régie l'acquisition ou la perte de domicile de secours national, si l'on suppose qu'il existe ? Il est impossible de songer à lui appliquer les règles que nous venons de développer pour l'acquisition et la perte du domicile de secours communal. Il faut donc admettre que le législateur n'a point voulu établir de domicile de secours national.

Pour le domicile de secours départemental, dont

nous parle l'art. 8, il s'acquiert et se perd suivant les mêmes règles que nous avons exposées plus haut pour l'acquisition et la perte du domicile de secours communal, nous n'avons donc pas à y revenir. Remarquons toutefois que le domicile de secours départemental s'acquiert plus facilement que le domicile de secours communal. Pour acquérir le domicile de secours communal, il faut une résidence d'un an dans la même commune; pour acquérir le domicile de secours départemental, il suffit aussi d'une résidence d'un an dans le même département. L'individu pourra l'acquérir plus facilement par ce seul fait qu'il lui suffira de résider, durant un an, dans les diverses communes qui forment le département.

L'art. 9 nous parle du domicile de secours des enfants assistés et s'exprime ainsi : « Les enfants assistés ont leur domicile de secours dans le département au service duquel ils appartiennent, jusqu'à ce qu'ils aient acquis un autre domicile de secours. » A la rigueur, on pourrait trouver cet article inutile, tant les dispositions qu'il contient sont évidentes et conformes à la plus élémentaire logique. Dans l'art. 6, nous avons vu que les enfants avaient le domicile de secours de leurs parents. Les enfants assistés sont, en quelque sorte, les pupilles, les enfants adoptifs du département dans le service duquel ils sont placés ; c'est pourquoi ils doivent avoir leur domicile de secours dans ce département. On peut même pousser la comparaison plus loin et dire : de même que les enfants conservent le domicile de secours de leurs parents, alors qu'ils résideraient dans une autre commune ou dans un autre département ; de même les enfants assistés conservent leur domicile départemental primitif, alors qu'ils seraient placés dans un autre département. En effet, dans l'un comme dans l'autre cas, il n'y a pas résidence volontaire, d'où il résulte que l'enfant ne peut pas acquérir un nouveau domicile de secours.

Ceci dit, comment l'enfant assisté perdra-t-il son domicile de secours primitif? Il le perdra par l'acquisition d'un nouveau domicile de secours.Ce nouveau domicile de secours lui sera acquis par une résidence d'un an, volontaire, ininterrompue et postérieure à la majorité ou à l'émancipation. Il est en effet, bien évident que l'enfant assisté, de même qu'un autre enfant, doit être majeur ou émancipé pour acquérir un nouveau domicile de secours, puisque c'est à cette seule condition que sa résidence est volontaire.

Nous avons vu, jusqu'à présent, à qui s'applique la loi du 15 juillet 1893, quelles collectivités sont tenues de fournir l'assistance médicale gratuite et comment le législateur a conçu le domicile de secours. Nous allons, dans le chapitre suivant, décrire l'organisme relativement simple qui permet de faire chaque jour l'application du principe posé par la loi et d'assurer aux indigents le bénéfice de l'assistance médicale gratuite.

CHAPITRE IV

BUREAU ET LISTE D'ASSISTANCE

Dans le titre III, le plus long de la loi de 1893, que nous allons analyser maintenant, le législateur s'occupe de créer les différents organes nécessités par l'application de la loi nouvelle et de fixer comment et de quelle manière seront établies les listes d'assistance, c'est-à-dire les listes sur lesquelles sont inscrits les indigents admis au bénéfice de l'assistance médicale gratuite.

« Dans chaque commune, nous dit l'art. 10 un bureau d'assistance assure le service de l'assistance médicale. La commission administrative du bureau d'assistance est formée par les commissions administratives réunies de l'hospice et du bureau de bienfaisance, ou par cette dernière seulement, quand il n'existe pas d'hospice dans la commune. A défaut

d'hospice ou de bureau de bienfaisance, le bureau
d'assistance est régi par la loi du 21 mai 1873
(art. 1er à 5), modifiée par la loi du 5 août 1879, et
possède, outre les attributions qui lui sont dévolues par la présente loi, tous les droits et attributions qui appartiennent au bureau de bienfaisance. » Comme on le voit, l'art. 10 commence
par établir dans chaque commune un bureau d'assistance, ce qui fait que la commune devient, en
quelque sorte, le « pivot de l'assistance ». Du reste,
le principe de l'assistance communale, appliqué par
notre loi, avait été successivement proclamé par le
Conseil supérieur de l'assistance publique, par le
Congrès international de 1889, par les Conseils
généraux consultés au cours de l'enquête parlemen-
taire de 1872 et qui déclarent : « le ressort administratif de l'Etat et même du département est trop
vaste pour qu'il leur soit possible d'entrer dans le
détail des investigations qu'exige l'attribution indi-
viduelle des secours. Chaque commune, au contraire, connaît les misères qu'il est de son devoir
de soulager. » D'autre part, on lit dans l'exposé des
motifs de la loi : « On doit chercher à rapprocher
autant que possible celui qui reçoit les secours de
celui qui les distribue, afin que celui-ci puisse connaître les véritables besoins de celui-là et les soulager promptement. Aussi, après avoir décidé que

l'organisation des divers services d'assistance serait confiée au Conseil général du département.... la loi reporte à la commune la distribution des secours dans la plupart des cas, c'est-à-dire, toutes les fois que le malade a un domicile de secours communal. » Puisque, dans un système bien entendu d'assistance médicale gratuite, la commune devait jouer un rôle essentiel, il fallait la doter d'un organe capable de remplir ce rôle et de faire fonctionner le service d'assistance médicale : cet organe, c'est le bureau d'assistance.

En vertu de notre article, un bureau d'assistance se trouve créé de suite virtuellement dans chacune des communes de France. Concluons donc que, contrairement à ce qui existe pour les autres établissements communaux de bienfaisance, un décret de l'autorité centrale ne sera point nécessaire pour la création des bureaux d'assistance. Remarquons, en outre, que le bureau d'assistance créé dans chaque commune ne formera point un organisme nouveau, mais qu'il pourra, au contraire, devenir le service unique chargé de tous les services de l'assistance communale, car, ainsi que le fait remarquer M. le docteur Rey, dans son rapport à la Chambre : « en accordant au bureau d'assistance tous les droits et attributions du bureau de bienfaisance, on en fait un organisme complet qui commencera par remplir les obligations restreintes qui lui sont imposées par la nouvelle loi, mais qui sera prêt pour se livrer aux œuvres d'assistance au fur et à mesure que ses ressources se développeront ». Ceci dit, examinons la composition du bureau d'assistance.

La composition du bureau d'assistance, prévue par les 2ᵉ et 3ᵉ alinéas de notre article, varie suivant que la commune est déjà dotée ou non d'un établissement charitable ou hospitalier. Supposons d'abord qu'il n'y ait dans la commune ni bureau de bienfaisance, ni établissement hospitalier. Dans ce cas, une circulaire du ministre de l'intérieur du 3 août 1893 nous dit que les commissions des bureaux d'assistance seront constituées comme le sont, depuis la loi du 5 août 1879, les commissions administratives des bureaux de bienfaisance et des hospices. Elles doivent comprendre, outre le maire, président de droit, deux délégués du conseil municipal, et quatre administrateurs nommés, pour la première fois, par le ministre de l'intérieur et ensuite, en cas de renouvellement, par le préfet. On devra appliquer, dans ce cas, toutes les circulaires ministérielles applicables à l'exécution de la loi du 5 août 1879. Il nous faut donc, pour nous faire une idée bien nette de ce que sera en notre espèce la composition du bureau d'assistance, résumer aussi brièvement que possible les dispositions essentielles de la loi du 5 août 1879.

D'après la loi de 1879, la commission administrative se compose du maire, président de droit, de deux membres élus par le conseil municipal, et de quatre membres nommés par le préfet. Le conseil municipal n'a pas qualité pour proposer au préfet les membres qu'il doit nommer, et le préfet, de son côté, ne peut choisir des candidats incapables ou exerçant des fonctions incompatibles avec le mandat d'administrateur. De plus, le préfet doit, autant que possible, choisir des candidats qui ne soient pas, en même temps, conseillers municipaux. Pour être membre de la commission administrative, il faut avoir son domicile réel dans le lieu où siège l'administration dont s'agit.

Il faut, en outre, que les personnes choisies présentent certaines garanties d'honorabilité et de capacité. Il faut aussi que les membres de la commission administrative du bureau d'assistance ne se trouvent dans aucun des cas d'incapacité ou d'incompatibilité prévus par les lois et règlements. Sont incapables, les personnes qui se trouvent dans un des cas d'incapacité prévus par les lois électorales, ou auxquelles peuvent s'appliquer les articles 442 et suivants du Code civil. Une incapacité temporaire résulte pour les délégués des conseils municipaux du fait de la révocation : ils ne peuvent être réélus pendant une année. Les incompatibilités résultent soit de l'exercice de certaines professions, soit de la parenté ou alliance. L'élection des délégués du conseil municipal a lieu, comme celle des maires et adjoints, au scrutin secret. Au premier et au second tour de scrutin, le candidat doit réunir la majorité absolue des voix; au troisième tour, la majorité relative suffit, et enfin, en cas de partage, le plus âgé des candidats est élu. Quant à l'autorité compétente, pour statuer sur les difficultés auxquelles peut donner lieu l'élection des délégués, on est généralement d'accord pour admettre que ce sera le préfet. Les membres délégués par l'administration sont nommés en principe par le préfet et, en cas de renouvellement total ou de création, par le ministre de l'intérieur sur la proposition du préfet. Si l'un des délégués nommés soit par le conseil municipal, soit par le préfet, refusait d'accepter les fonctions dont il est investi, il serait procédé soit à une nouvelle élection, soit à une nouvelle nomination. Les membres nommés par l'administration sont élus pour quatre ans et renouvelables par quart tous les ans. Les membres élus par le conseil municipal restent en fonction pendant la durée des pouvoirs du conseil municipal qui les a nommés. Si le conseil est suspendu ou dissous, ils conservent leurs fonctions jusqu'au jour de l'élection de nouveaux délégués par le nouveau conseil. La présidence de la commission appartient au maire qui a voix prépondérante en cas de partage. La commission ne pourra valablement délibérer qu'à la majorité des membres qui la composent. Les fonctions des membres de la commission administrative sont essentiellement gratuites. La commission peut être dissoute, et chacun de ses membres peut être individuellement révoqué. En cas de dissolution ou de révocation, la commission est remplacée ou complétée dans le délai d'un mois.

Si la commune possède un bureau de bienfaisance et n'a pas d'hospice, la commission administrative du bureau d'assistance est formée par la commission administrative du bureau de bienfaisance (article 10, § 2). L'art. 10 ne prévoit pas le cas où la commune possède un établissement hospitalier sans posséder un établissement de bienfaisance. Mais il résulte de l'exposé des motifs et de la discussion qui eut lieu au Sénat que la commission administrative du bureau d'assistance sera composée des membres de la commission hospitalière.

Enfin, ainsi que le décide l'article 10, si la commune possède à la fois un bureau de bienfaisance et un établissement hospitalier, la commission d'assistance sera formée par les commissions

réunies de l'établissement hospitalier et du bureau
de bienfaisance. Il est à peine utile de faire remarquer que, dans toutes les hypothèses, les règles
relatives à la durée du mandat, à la présidence,
aux délibérations, que nous avons exposées plus
haut sont applicables.

Quelles sont les attributions du bureau d'assistance? On peut dire qu'elles varient suivant sa
composition. Ainsi, quand la commune ne possède
ni bureau de bienfaisance, ni établissement hospitalier, le bureau d'assistance est le seul représentant des malheureux et réunit dans ses mains tous
les services. Si la commune possède un bureau de
bienfaisance, la commission d'assistance n'a dans
ses attributions que l'assistance médicale à domicile et tout ce qui concerne l'hospitalisation des
malades. Si la commune ne possède qu'un établissement hospitalier, la commission dudit établissement garde toutes ses attributions, s'occupe de
l'assistance médicale et a tous les droits et attributions d'un bureau de bienfaisance. Enfin, si la commune possède à la fois un bureau de bienfaisance
et un établissement hospitalier, la commission du
bureau d'assistance n'a dans ses attributions que le
service d'assistance médicale à domicile.

L'article 11 est ainsi conçu : « Le président du
bureau d'assistance a le droit d'accepter à titre con-

servatoire des dons et legs et de former, avant l'autorisation, toute demande en délivrance. Le décret du Président de la République ou l'arrêté du préfet qui interviennent ultérieurement ont effet du jour de cette acceptation. Le bureau d'assistance est représenté en justice et dans tous les actes de la vie civile par un de ses membres que ses collègues élisent à cet effet au commencement de chaque année. L'administration des fondations, dons et legs, qui ont été faits aux pauvres ou aux communes, en vue d'assurer l'assistance médicale, est dévolue au bureau d'assistance. Les bureaux d'assistance sont soumis aux règles qui régissent l'administration et la comptabilité des hospices, en ce qu'elles n'ont rien de contraire à la présente loi. »

Le bureau d'assistance, créé spécialement par la loi pour permettre l'organisation de l'assistance médicale gratuite, doit être tout naturellement le représentant légal de la commune pour tout ce qui concerne l'assistance médicale. Par conséquent, ainsi que le dit notre article, *in principio*, le président du bureau accepte à titre conservatoire les dons et legs et peut former, avant toute autorisation d'accepter, une demande en délivrance. Bien entendu, en ce dernier cas, ainsi que le dit notre article, le décret d'autorisation qui intervient ultérieurement aura effet du jour de l'acceptation faite par le président du bureau d'assistance.

Le bureau d'assistance peut se trouver dans la nécessité d'ester en justice. Faire intervenir alors le bureau tout entier eût été amener des complications de procédure aussi coûteuses qu'inutiles. De son côté, le maire qui est président de droit du bureau peut avoir des occupations multiples l'empêchant de suivre lui-même la procédure avec tout le soin désirable ; aussi notre article permet au bureau d'élire, au début de chaque année, un de ses membres qui aura la mission spéciale de le représenter en justice.

Le bureau étant chargé d'assurer dans la commune le service de l'assistance médicale doit avoir l'administration et la gestion des dons et legs et, plus généralement, des ressources — quelle que soit leur provenance — destinées à assurer le fonctionnement du service d'assistance médicale.

Enfin, puisque le bureau d'assistance était un nouvel établissement public, il convenait de fixer suivant quelles règles il serait procédé à l'administration et quels principes présideraient à la comptabilité. A cet égard l'article 11, *in fine*, nous dit que les bureaux d'assistance seront soumis aux règles qui régissent l'administration et la comptabilité des hospices en tout ce qui n'est pas contraire à la loi du 15 juillet 1893. Cette décision prise par le législateur était à la fois la plus simple, puisqu'elle se référait à une législation déjà existante, et la plus logique puisqu'il s'agissait de matières de même nature et pour ainsi dire connexes. L'exposé des motifs du projet de loi et la circulaire ministérielle du 18 mai 1894 renvoient sur ce point aux prescritpions de la loi du 7 août 1851 et notamment aux articles 8, 9, 10 et 12 de ladite loi.

Le bureau d'assistance nomme son secrétaire mais ne peut le révoquer qu'avec l'approbation du préfet. Il peut avoir un receveur spécial lorsque ses recettes propres excèdent 30.000 francs, et la nomination de ce receveur appartient au préfet sur la proposition de la commission qui présente une liste de trois candidats.

Dans son premier alinéa, l'article 12 nous indique que la commission doit, sur la convocation de son président, se réunir au moins quatre fois par an. La loi n'a pas indiqué le local où se réunirait la commission ; le président désignera le local qui lui semblera le plus convenable, et le plus souvent, en fait, ce sera la mairie.

La commission doit dresser la liste d'assistance intégralement au début de chaque année et en faire la revision tous les trimestres. Cette disposition du deuxième alinéa de l'article 12 s'explique par ce fait que, si l'on dressait une liste permanente, elle finirait par être confondue avec celle du bureau de bienfaisance et beaucoup de familles prendraient l'habitude d'être inscrites, ce qui, parfois, constituerait un véritable abus. Comme la liste d'assistance engage les finances communales, le bureau d'assistance n'a point un pouvoir souverain : il émet un avis et formule des propositions ; c'est le conseil municipal qui décide. La commission dresse intégralement la liste un mois avant la première session ordinaire du conseil municipal (février) et la revise un mois avant chacune des autres sessions (mai, août, novembre).

La liste d'assistance doit comprendre toutes les personnes ayant dans la commune leur domicile de secours, et qui, si elles tombent malades dans le cours du trimestre, auront vraisemblablement besoin de l'assistance médicale gratuite. Cette inscription est une œuvre délicate dans laquelle le bureau devra surtout s'inspirer de la plus stricte impartialité, ne se décidant à inscrire un indigent que lorsqu'il sera notoirement hors d'état de payer les dépenses pouvant résulter d'une maladie.

L'alinéa 3 de cet article ajoute : « Le médecin de l'assistance ou un délégué des médecins de l'assistance, le receveur municipal et un des répartiteurs désigné par le sous-préfet, peuvent assister à la

séance avec voix consultative. » Le receveur municipal et le répartiteur pourront, mieux que personne, fournir des renseignements exacts sur la situation de fortune des individus qu'il est question
d'inscrire sur la liste d'assistance. De plus, il est
nécessaire d'appeler les médecins qui seront chargés du service, puisqu'on a besoin de leur dévouement professionnel et qu'ils pourront s'élever contre
l'extension abusive de la liste, aussi bien dans leur
intérêt que dans celui des finances publiques. Remarquons, toutefois, que le receveur municipal, le
répartiteur et le médecin auront seulement voix
consultative : on ne pouvait pas, en effet, leur attribuer un pouvoir de décision dans une question qui
les touche personnellement et dans laquelle ils auraient peut-être pu ne pas apporter toute l'impartialité désirable.

« La liste d'assistance, d'après l'art. 13, doit comprendre nominativement tous ceux qui sont admis
aux secours, lors même qu'ils sont membres d'une
même famille. » Pourquoi cette exigence de la loi ?
Dans un certain nombre de départements où fonctionnait déjà, avant 1893, un service d'assistance
médicale, l'usage s'était introduit de comprendre
sur la liste d'assistance des familles et non des personnes. Les médecins avaient souvent protesté contre ce système qui prêtait à de nombreux abus.

Pour y couper court, notre article décide que tous les membres d'une même famille doivent être inscrits nominativement sur la liste d'assistance. A supposer, en effet, que le chef de famille soit un vieillard incapable de gagner sa vie, il peut très bien se faire que ses enfants aient des moyens propres d'existence ou, tout au moins, soient capables de se suffire à eux-mêmes, sans cependant pouvoir, d'une manière suffisante, venir en aide à leur père. L'inscription du père sur la liste d'assistance est alors justifiée ; celle des enfants ne le serait pas.

L'art. 14 dispose : « La liste est arrêtée par le conseil municipal qui délibère en comité secret; elle est déposée au secrétariat de la mairie. Le maire donne avis par affiches aux lieux accoutumés. » Ainsi que nous l'avons dit plus haut, c'est le conseil municipal qui doit statuer sur les inscriptions proposées par le bureau d'assistance, puisqu'elles engagent éventuellement les finances communales. Le conseil municipal est donc, en vertu de notre article, chargé d'arrêter la liste sur les propositions du bureau d'assistance, propositions qui pèseront d'un grand poids sur sa décision et qu'il adoptera le plus souvent, mais non obligatoirement.

On comprend aisément que l'art. 14 ait exigé une délibération en *comité secret*. Toutes les fois qu'il s'agit de questions personnelles, toujours délicates à traiter, la délibération en comité secret a l'avantage de sauvegarder l'amour-propre et la dignité de chacun et d'écarter certaines considérations qu'un débat public pourrait rendre dangereuses. Pour les mêmes motifs, le comité secret est également obligatoire pour la revision de la liste d'assistance ; les travaux préparatoires l'indiquent formellement. Une fois dressée, la liste est déposée au secrétariat de la mairie et affichée par les soins du maire, autant pour permettre à chaque contribuable d'en prendre connaissance et même copie que pour faire courir le point de départ du délai imparti pour élever des réclamations.

En outre, « une copie de la liste et du procès-verbal, constatant l'accomplissement des formalités prescrites par l'article précédent, est en même temps transmise au sous-préfet de l'arrondissement. Si le préfet estime que les formalités prescrites par la loi n'ont pas été observées, il défère les opérations, dans les huit jours de la réception de la liste, au conseil de préfecture qui statue dans les huit jours et fixe, s'il y a lieu, le délai dans lequel les opérations annulées seront refaites » (art. 15). Notons que ni le préfet, ni le conseil de préfecture n'auront à examiner la composition de la liste au point de vue du fond ; leur appréciation portera uniquement sur la question de savoir si les formalités légales ont été exactement remplies, c'est-à-dire sur une question de forme. Rappelons aussi qu'en cette matière tout administrative le conseil de préfecture ne siègera pas publiquement.

L'art. 16 nous dit : « Pendant un délai de vingt jours à compter du dépôt, les réclamations en inscription ou en radiation peuvent être faites par tout habitant ou contribuable de la commune. » Il résulte donc de notre article que, pour réclamer contre la liste, il faut être ou habitant ou contribuable dans la commune. On s'accorde assez généralement à reconnaître que le mot *contribuable* désigne l'habitant inscrit au rôle des contributions directes, tandis que le mot *habitant* désigne tout individu résidant habituellement dans la commune, alors même qu'il n'y payerait pas de contributions directes, ce qui sera souvent le cas de l'intéressé, inscrit ou radié, qui voudra réclamer. Le vœu de la loi est, en effet, de donner à chacun la plus grande facilité pour élever des réclamations. La réclamation se produira en la forme administrative, c'est-à-dire contiendra le nom et l'adresse du réclamant, le nom et l'adresse de la personne pour ou contre qui l'on réclame, et l'énoncé des motifs sur lesquels s'appuie la réclamation. Elle sera remise au sous-préfet qui devra en donner récépissé si le réclamant l'exige. De plus, on avertira sans frais la personne contre qui la réclamation est portée pour qu'elle puisse présenter ses observations.

« Il est statué souverainement sur ces réclamations, le maire entendu ou dûment appelé, par une commission cantonale composée du sous-préfet de l'arrondissement, du conseiller général, d'un conseiller d'arrondissement dans l'ordre de nomination et du juge de paix du canton. Le sous-préfet, ou à son défaut le juge de paix, préside la commission. » (art. 17).

Nous avons vu tout à l'heure que le conseil de préfecture était compétent pour examiner, en cas de réclamation, si les formalités prescrites par la loi avaient été remplies. La commission cantonale juge les réclamations en inscription ou en radiation ; elle juge donc au fond. L'art. 17 nous indique sa composition. C'est le sous-préfet, ou, à son défaut, le juge de paix du canton qui préside.

La loi n'a pas dit où la commission tiendrait ses séances. On admet qu'elle se réunira à la sous-préfecture, dans les cantons d'arrondissement, chefs-lieux, et à la justice de paix dans les autres cantons.

Le maire doit être appelé et entendre quand il se présente. En effet, le maire en sa double qualité de président du bureau d'assistance et de président du conseil municipal, a pris part à l'élaboration et à la formation de la liste d'assistance et, mieux que personne, peut — lorsque cette liste est l'objet de réclamations — fournir à la commission cantonale les renseignements nécessaires pour lui permettre de juger en pleine connaissance de cause. Le président n'a pas voix prépondérante, et, en cas de désaccord, on maintiendra purement et simplement la décision prise par le conseil municipal.

Que décider si la commission cantonale a violé la loi ou négligé d'observer les formalités légales? Notre texte est muet ; il y a lieu, en l'espèce, de se référer au droit commun et de décider qu'un recours pour excès de pouvoir sera ouvert devant le conseil d'Etat à toute partie ayant un intérêt direct et personnel.

Les art. 18, 19 et 20, sont ainsi conçus :

« Art. 18. — Le président de la Commission donne, dans les huit jours, avis des décisions rendues au sous-préfet et au maire qui opèrent sur la liste les additions ou les retranchements prononcés ».

« Art. 19. — En cas d'urgence, dans l'intervalle de deux sessions, le bureau d'assistance peut admettre provisoirement, dans les conditions de l'article 12 de la présente loi, un malade non inscrit sur la liste. En cas d'impossibilité de réunir à temps le bureau d'assistance, l'admission peut être prononcée par le maire qui en rend compte, en comité secret, au conseil municipal, dans sa plus prochaine séance ».

« Art. 20. — En cas d'accident ou de maladie aiguë, l'assistance médicale des personnes qui n'ont pas le domicile de secours dans la commune où s'est produit l'accident ou la maladie, incombe à la commune dans les conditions prévues à l'art. 21, s'il n'existe pas d'hôpital dans la commune. L'admission de ces malades à l'assistance médicale est prononcée par le maire, qui avise immédiatement le préfet et en rend compte, en comité secret, au conseil municipal, dans sa plus prochaine séance. Le préfet accuse réception de l'avis et prononce dans les dix jours sur l'admission aux secours de l'assistance ».

Observons simplement que l'art. 20 vise les communes qui n'ont pas d'établissement hospitalier et a pour objet d'étendre à ces communes l'obligation imposée aux hôpitaux par la loi de 1851 pour les victimes d'accident ou les personnes atteintes de maladies aiguës.

« Les frais avancés par la commune, en vertu de l'article précédent, sauf pour les dix premiers jours de traitement, sont remboursés par le département d'après un état régulier tracé conformément au tarif fixé par le conseil général. Le département qui a fourni l'assistance peut exercer son recours contre qui de droit. Si l'assisté a son domicile de secours dans un autre département, le recours est exercé contre ce département, sauf la faculté pour ce dernier d'exercer à son tour son recours contre qui de droit » (art. 21).

L'article 20 posait en principe le secours immédiat et sans espoir de recours. L'art. 21 apporte à ce principe un tempérament équitable. S'il est constaté que la commune d'origine du malade l'avait inscrit sur la liste d'assistance, cette commune doit payer une part de la dépense, et la commune qui a fourni le secours aura un recours contre elle. Mais le recours n'aura pas lieu pour l'intégralité de la dépense ; il ne pourra s'exercer qu'au delà du dixième jour de traitement. Au delà des dix premiers jours, les frais avancés par la commune lui sont remboursés par le service départemental d'assistance, et c'est au département qu'incombe le soin d'exercer le recours de la commune à laquelle il se trouve substitué. On a voulu que la commune où l'accident s'est produit supportât une part de la dépense (10 premiers jours du traitement) parce que l'on peut présumer, d'une part, qu'elle a bénéficié jusque-là du travail de la victime, et que, d'autre part, elle peut avoir, du moins dans certains cas, une part de responsabilité dans la maladie.

On a accordé à ladite commune l'avantage de se faire rembourser par le service départemental pour tous les frais qu'elle a avancés au delà du dixième jour pour que, si le recours du département devient illusoire pour une cause ou pour une autre, la commune n'en soit pas moins désintéressée. La perte, si perte il y a, retombera sur le département qui pourra toujours mieux la supporter que la commune.

Pour que la commune puisse ainsi profiter du bénéfice que lui accorde l'art. 21, il faudra que le maire donne avis au service départemental des secours accordés avec possibilité d'un recours utile et lui fournisse toutes les indications nécessaires pour faciliter le recouvrement des frais d'assistance avancés. Il faudra, de plus, que les frais, dont la commune demande le remboursement, soient portés sur un état dressé conformément au tarif fixé par le Conseil général. Enfin, puisque le département rembourse la commune, il est juste qu'il soit substitué à ladite commune dans le recours qu'elle aurait eu le droit d'exercer contre les véritables débiteurs. Aussi le département exercera son recours contre qui de droit. Si l'assisté avait son domicile de secours dans un autre département, le recours sera exercé par le préfet contre cet autre département qui, à son tour, pourra avoir son recours contre les véritables débiteurs de la dette d'assistance.

Ces dispositions sont conformes au système adopté

par la loi, qui fait de l'assistance un service municipal dans lequel la commune paye les dépenses qui
lui incombent définitivement, sauf subvention du
département pour toutes les dépenses dont la caisse
communale ne doit que l'avance.

L'art. 22, sur l'interprétation duquel aucune difficulté sérieuse ne peut s'élever et qui indique que
l'inscription sur la liste d'assistance continue à
valoir pendant un an au regard des tiers est ainsi
conçu : « L'inscription sur la liste prévue à l'art. 12
continue à valoir pendant un an, au regard des
tiers, à partir du jour où la personne inscrite a quitté
la commune, sauf la faculté pour la commune de
prouver que cette personne n'est plus en situation
d'avoir besoin de l'assistance médicale gratuite ».

Il ne faut pas que la commune, qui a, par l'inscription sur la liste, reconnu sa dette d'assistance
envers une personne y possédant le domicile de
secours, puisse se décharger de son obligation le
jour où elle quitte la commune. La radiation n'aura
d'effet définitif qu'au bout d'un an, et jusqu'à l'expiration de ce délai, la commune demeure responsable, au regard des autres communes qui auraient
fourni l'assistance à l'inscrit.

C'est, d'après l'art. 23, le « préfet qui prononce
l'admission au secours de l'assistance médicale des
malades privés de ressources et dépourvus d'un

domicile de secours communal. Le préfet est tenu d'adresser, au commencement de chaque mois, à la commission départementale ou au ministre de l'intérieur, suivant que l'assistance incombe au département où à l'Etat, la liste nominative des malades ainsi admis pendant le mois précédent aux secours de l'assistance médicale. »

Il y a des individus qui, nous l'avons vu, n'ont pas de domicile de secours communal. Qu'ils aient ou non un domicile de secours départemental, s'ils tombent malades et qu'ils soient indigents, c'est le préfet qui prononce leur admission aux secours de l'assistance médicale, et, pour chaque cas, il devra prendre une décision particulière.

Conformément aux règles du droit commun, un recours serait ouvert contre la décision du préfet devant le ministre de l'intérieur.

Il faut qu'un contrôle s'exerce sur les admissions à l'assistance prononcées par le préfet. Aussi notre article dispose qu'au commencement de chaque mois le préfet est tenu d'adresser à la commission départementale une liste nominative des malades admis pendant le mois précédent aux secours de l'assistance médicale et qui ont un domicile de secours départemental. Si les malades admis n'ont pas de domicile de secours départemental, la liste dont s'agit doit être adressée au ministre de l'intérieur.

De plus, comme l'Etat n'est tenu des frais d'assistance qu'au défaut de la commune et du département, le préfet devra — autant que possible — indiquer, pour chaque malade mis à la charge de l'Etat, ses résidences successives afin de permettre de lui assigner, s'il y a lieu, soit un domicile de secours communal, soit un domicile de secours départemental.

Il devra enfin produire le certificat médical et le certificat d'indigence sur le vu desquels il a cru devoir prononcer l'admission.

Nous avons ainsi terminé l'analyse du titre troisième de notre loi. Nous allons, dans le chapitre suivant, étudier les secours hospitaliers.

CHAPITRE V

Dans son titre IV, le plus court puisqu'il ne comprend que deux articles (24 et 25), la loi du 15 juillet 1893 s'occupe des secours hospitaliers, c'est-à-dire des secours donnés aux malades placés dans les hôpitaux.

L'art. 24 détermine le règlement du prix de journée : « Le prix de journée des malades placés dans les hôpitaux aux frais des communes, des départements ou de l'Etat, est réglé par arrêté du préfet, sur la proposition des commissions administratives de ces établissements et, après avis du conseil général du département, sans qu'on puisse imposer un prix de journée inférieur à la moyenne du prix de revient constaté pendant les cinq dernières années. »

Le vœu de la loi, avons-nous dit au début de cette

étude, est que les malades soient soignés à domicile toutes les fois que la nature de la maladie le permet. L'hospitalisation ne doit donc être accordée que lorsqu'elle est vraiment indispensable. Mais, comme il y a des cas, assez nombreux du reste, où le traitement à domicile est impossible, où, par conséquent l'hospitalisation s'impose, il fallait bien déterminer quel serait le prix de la journée pour chacun des malades hospitalisés. Cette évaluation était d'autant plus difficile à faire que des intérêts opposés et également respectables se trouvaient en jeu, et qu'il s'agissait de les concilier ; c'est ce qu'a essayé de faire l'art. 24.

D'un côté, en effet, il fallait sauvegarder les intérêts et des malades et des communes qui exigent évidemment que le prix de journée soit aussi peu élevé que possible ; de l'autre côté, il fallait considérer les intérêts des établissements hospitaliers qui demandent que le prix de la journée soit élevé à un taux assez rémunérateur pour permettre à l'hôpital de se couvrir de ses frais sans avoir besoin d'entamer ses propres ressources.

Comment donc sera réglé le prix de la journée d'hospitalisation ?

Par un arrêté préfectoral, nous répond l'art. 24. L'arrêté préfectoral sera rendu sur la proposition des commissions administratives des hôpitaux, et après

avis du conseil général. D'abord, les commissions
des hôpitaux formuleront un prix et le soumettront
au préfet. Les commissions administratives ont une
compétence indiscutable pour calculer le prix de
revient d'une journée d'hospitalisation, car elles
possèdent tous les éléments nécessaires pour faire le
calcul. Remarquons d'ailleurs que cette disposition
de notre article s'inspire de l'article 3 de la loi du
7 août 1851, qui décidait que le prix de journée dans
les hôpitaux et hospices, pour les malades des communes privées d'établissements hospitaliers, serait
fixé par le préfet d'accord avec la commission de ces
hospices et hôpitaux.

En second lieu, le conseil général du département
devra donner son avis sur les propositions présentées
au préfet par les commissions hospitalières.

Le conseil général est le représentant de tous les
intérêts du département et son intervention sera,
en quelque sorte, un supplément de garantie accordé
à ces intérêts opposés, dont nous parlions tout à
l'heure, et que l'art. 24 a voulu concilier. Mais
notons bien que le texte nous dit : « après *avis*
du conseil général. » Donc, la délibération prise en
notre matière par le conseil général ne sera qu'un
simple avis et non pas une décision. Sans doute, en
fait, cet avis aura pour le préfet une grande importance, mais le préfet pourrait, pour des raisons

graves et s'il le jugeait nécessaire, ne pas tenir compte de l'avis du conseil général qui, répétons-le, n'est pas une décision. Les travaux préparatoires et la discussion qui eut lieu au Sénat montrent bien que le législateur a compris ainsi que nous venons de le définir le rôle du conseil général.

Lorsque la commission des établissements hospitaliers a formulé ses propositions et que le conseil général a donné son avis sur ces propositions, le préfet fixe par arrêté le prix de la journée d'hospitalisation. Il a, à cet égard, toute latitude et la loi s'en remet à sa sagesse et à son impartialité pour opérer une conciliation équitable entre les intérêts opposés qui sont en présence. Une limite lui est cependant opposée : il ne pourra jamais fixer un prix de journée inférieur à la moyenne du prix de revient constaté pendant les cinq dernières années. La loi a pris cette disposition pour protéger les intérêts hospitaliers ; mais ce prix n'est qu'un minimum que le préfet a toujours la liberté d'augmenter, si l'augmentation lui paraît justifiée.

La moyenne du prix de revient des cinq dernières années devra être établie conformément aux règles tracées par le questionnaire dressé en 1888 par le ministre de l'intérieur pour les hôpitaux et hospices.

D'après l'art. 25 : « Les droits résultant d'actes

de fondation, des édits d'union ou de conventions particulières, sont et demeurent réservés. Il n'est pas dérogé à l'art. 1er de la loi du 7 août 1851. Tous les lits dont l'affectation ne résulte pas des deux paragraphes précédents ou qui ne seront pas reconnus nécessaires au service des vieillards ou incurables, des militaires, des enfants assistés et des maternités, seront affectés au service de l'assistance médicale. »

Un hôpital ne dispose que d'un certain nombre de lits et, par suite, ne peut admettre qu'un nombre de malades déterminé. Quel est, dans chaque hôpital, le nombre de lits vacants dont pourra disposer le service d'assistance médicale? C'est à cette question que répond notre article.

D'abord, ainsi que le dit le texte, la loi nouvelle n'apporte aucune dérogation à l'art. 1er de la loi du 7 août 1851 ainsi conçu : « Lorsqu'un individu privé de ressources tombe malade dans une commune, aucune condition de domicile ne peut être exigée pour son admission dans l'hôpital existant dans la commune. »

Par conséquent, l'établissement hospitalier ne pourra pas refuser d'admettre un malade sous prétexte que ce malade n'a pas son domicile de secours dans la commune dont fait partie ledit établissement.

D'autre part, certaines communes tiennent d'actes de fondation le droit d'envoyer gratuitement leurs malades dans les hospices voisins. Enfin, des édits d'union qui, sous l'ancienne monarchie, ont supprimé des léproseries, ont donné à certains hospices les biens de ces léposeries à charge de recevoir, jusqu'à concurrence des revenus desdits biens, les malades des paroisses sur lesquelles ces léproseries se trouvaient situées.

Il y a des droits acquis qui sont respectés par la loi nouvelle et qui enlèvent un certain nombre de lits, qui se trouvent ainsi réservés et ne peuvent entrer en ligne de compte pour l'application de notre loi.

Il était à craindre que, dans leur intérêt, les établissements hospitaliers, pour admettre plus de malades payants, n'indiquassent comme plus élevé qu'il ne l'était en réalité, le nombre des lits réservés. Pour obvier à cet inconvénient, une circulaire du ministre de l'intérieur, du 18 mai 1894, a prescrit de faire dresser, pour chaque hôpital, un état des lits existant à la date de la promulgation de la loi. Cet état comprendra les lits réservés, les lits affectés à des services spéciaux, les lits affectés à des malades payants et aux malades ordinaires. Il aura la double utilité de préciser les obligations particulières des hôpitaux, et de fournir le moyen de déterminer les ressources hospitalières dont il faudra tenir compte pour appliquer l'art. 3 de notre loi.

L'état, signé du délégué du préfet et du président de la commission administrative de l'établissement hospitalier, sera rédigé en double. L'un des exemplaires demeurera aux archives de l'établissement ; l'autre, aux archives de la préfecture.

CHAPITRE VI

DÉPENSES, VOIES ET MOYENS

Nous venons de voir dans les chapitres précédents comment fonctionne le service d'assistance médicale et de quels organes il est composé. Mais, pour faire fonctionner ces organes. pour assurer l'assistance médicale gratuite aux indigents, il faut des ressources. La création d'un pareil service entraîne de fortes dépenses, il faut trouver les moyens d'y faire face ; en un mot, il faut établir le budget de l'assistance médicale gratuite ; c'est ce dont s'occupe le titre V de notre loi, que nous allons étudier maintenant.

L'article 26 énumère les dépenses ; les art. 27, 28 et 29 nous indiquent dans quelle mesure la commune, le département et l'Etat participent à ces dépenses ; ils indiquent en même temps les ressources à l'aide desquelles ces dépenses seront couvertes.

« Art. 26. — Les dépenses du service de l'assistance médicale se divisent en dépenses ordinaires et en dépenses extraordinaires. Les dépenses ordinaires comprennent : 1° les honoraires des médecins, chirurgiens et sages-femmes du service d'assistance à domicile ; 2° les médicaments et appareils ; 3° les frais de séjour des malades dans les hôpitaux. Ces dépenses sont obligatoires. Elles sont supportées par les communes, les départements et l'Etat, suivant les règles établies par les art. 27, 28 et 29. — Les dépenses extraordinaires comprennent les frais d'agrandissement et de construction d'hôpitaux. — L'Etat contribuera à ces dépenses par des subventions dans la limite des crédits votés. — Chaque année une somme sera à cet effet inscrite au budget. »

Ainsi donc, aux termes de notre article, les dépenses du service d'assistance médicale sont ordinaires ou extraordinaires. Les dépenses ordinaires sont, quant à leur tarif et à leur quotité, fixées par le Conseil général pour les honoraires des médecins, etc., et pour les médicaments et appareils ; et par le préfet, pour le prix de la journée d'hospitalisation. Ces dépenses, comme le dit notre texte, sont obligatoires, c'est-à-dire l'hôpital qui aura fourni l'assistance, le médecin qui aura soigné, auront droit de se faire payer soit par la commune, soit par le département, soit par l'Etat. Le service

de l'assistance médicale étant un service départemental, les dépenses seront, conformément au droit
commun, ordonnancées par le préfet et payées par
la caisse du trésorier-payeur général ou du receveur
particulier des finances.

Les dépenses extraordinaires comprennent les
frais d'agrandissement et de construction d'hôpitaux. Ce sont des dépenses d'un caractère tout à
fait exceptionnel et pour lesquels le concours financier de l'Etat est purement facultatif. L'Etat n'intervient là pour ainsi dire qu'à titre complémentaire
et dans la limite des crédits votés par le Parlement.
La charge principale incombe à la commune et au
département.

Quand les communes, prises individuellement,
seront trop faibles pour construire ou agrandir un
hôpital, elles pourront former un syndicat et, en
unissant leurs ressources, grâce au concours du département et de l'Etat, arriver à construire ou à
agrandir cet hôpital.

Notons en terminant que, sur la proposition de
M. Emile Rey, l'art. 47 de la loi des finances du 16
avril 1895 dispose : « à l'avenir, les fonds du pari
mutuel consacrés aux œuvres d'assistance seront affectés, jusqu'à concurrence du tiers, à l'agrandissement et à la construction des hôpitaux nécessités

par l'application de la loi du 15 juillet 1893, sur l'assistance médicale gratuite ».

« Les communes, dont les ressources spéciales de
l'assistance médicale et les ressources ordinaires inscrites à leur budget seront insuffisantes pour couvrir les frais de ce service, sont autorisées à voter
des centimes additionnels aux quatre contributions
directes ou des taxes d'octroi pour se procurer le
complément des ressources nécessaires. Ces taxes
d'octroi votées en vertu du paragraphe précédent
seront soumises à l'approbation de l'autorité compétente, conformément aux dispositions de l'article 137 de la loi du 5 avril 1884. La part que les communes seront obligées de demander aux centimes
additionnels ou aux taxes d'octroi ne pourra être
moindre de 20 pour 100 ni supérieure à 90 pour 100
de la dépense à couvrir conformément au tableau A
ci-annexé » (art. 27).

De tout cela il résulte que les communes, pour
payer les frais de l'assistance médicale gratuite, se
serviront de trois sortes de ressources : 1° les ressources spéciales de l'assistance médicale ; 2° les ressources ordinaires inscrites au budget communal ;
3° les centimes additionnels aux quatre contributions directes ou les taxes d'octroi.

Examinons séparément chacune de ces trois catégories de ressources.

Il y a un certain nombre de ressources que les lois déjà existantes ont créées au profit des bureaux de bienfaisance. Ces ressources que l'on appelle parfois ressources spéciales de l'assistance, proviennent de diverses sources comme le droit des pauvres sur les spectacles, les concessions dans les cimetières, les produits des quêtes, les troncs des églises, les revenus de pari mutuel, etc. Une partie de ces ressources spéciales doit contribuer à former la participation des communes dans les frais du service d'assistance médicale. Malheureusement notre texte n'a pas déterminé la quotité qui serait prélevée sur le total de ces ressources spéciales pour être affectée au service exclusif de l'assistance médicale gratuite. Aussi des difficultés se sont élevées et certaines communes, arguant du silence de la loi, ont prétendu retenir la totalité de ces ressources pour les autres branches de l'assistance sans en vouloir distraire une part quelconque au profit du service médical gratuit. Cette opinion, si elle avait prévalu, était de nature à causer aux départements et à l'État un grave préjudice. Il est bien évident, en effet, que, si la commune ne peut disposer d'aucune portion des ressources spéciales d'assistance pour faire face aux dépenses de l'assistance médicale gratuite, elle devra voter un chiffre plus élevé de centimes additionnels et, par la même, faire ap-

pel dans une plus grande mesure à la subvention du
département qui, à son tour, s'adressera à l'Etat.
Mais ce système a été rejeté.

L'art. 2 de l'arrêté du 7 fructidor an VIII donne à
l'administration préfectorale le droit de répartir entre
les divers établissements charitables de la commune
le produit total de ces ressources extraordinaires.
Or, le bureau d'assistance, créé par la loi du 15 juillet 1893, est un établissement communal d'assistance ayant, comme tous les autres, sa personnalité
civile, et, par suite, le préfet pourra si des difficultés s'élèvent, attribuer au bureau d'assistance
médicale une part des ressources spéciales de l'assistance.

A ces ressources spéciales, dont nous venons de
parler, il convient d'ajouter les dons et legs qui
pourraient être faits au bureau d'assistance médicale en vue du soulagement des malades pauvres.

A côté des ressources spéciales, qui sont toujours
insuffisantes, il sera parfois possible de demander
le complément aux revenus ordinaires des communes.

Enfin, lorsque les ressources spéciales d'assistance et les ressources ordinaires de la commune
seront insuffisantes, notre article nous dit que la
commune sera autorisée à voter des centimes additionnels aux quatre contributions directes ou bien

une taxe d'octroi. Remarquons d'abord que ces centimes additionnels doivent être votés par la commune quand la nécessité s'en fait sentir, et, si la commune ne voulait pas voter, l'administration départementale pourrait les inscrire d'office au budget communal, puisque — ainsi que nous l'avons déjà constaté — les dépenses d'assistance médicale ont un caractère obligatoire pour la commune.

La loi n'a pas fixé un maximum, aux centimes additionnels à voter par la commune parce qu'il aurait pu arriver que la commune, ayant une fois voté ce maximum, étendit d'une façon abusive la liste d'assistance, engageant ainsi la responsabilité pécuniaire du département et de l'Etat. Au contraire comme aucun maximum n'est fixé par la loi, la commune aura intérêt à ne porter sur la liste d'assistance que les véritables indigents de façon à payer le moins possible de centimes additionnels.

En dernier lieu, indépendamment des centimes additionnels aux quatre contributions directes, la commune pourra — s'il y a lieu — subvenir aux frais occasionnés par le nouveau service en votant des taxes d'octroi et notamment une surtaxe sur les alcools. Toutefois, comme l'Etat perçoit lui-même, sur les alcools, des droits élevés et qu'il a intérêt à ce que la surtaxe de la commune ne vienne pas écraser le consommateur, notre article dispose que les taxes d'octroi seront soumises à l'approbation de l'autorité compétente, conformément à l'art. 137 de la loi sur l'administration communale du 5 avril 1884.

Lorsque la commune aura à demander aux centimes additionnels ou aux taxes d'octroi les moyens de faire face aux dépenses de l'assistance médicale, elle devra subvenir à cette charge dans la proportion d'au moins 20 pour 100 sans que jamais cette proportion puisse être supérieure à 90 pour 100. C'est dire que la subvention départementale variera de 10 à 80 pour 100.

Comment sera calculée la subvention départementale dans chaque cas ?

Le tableau A, dont parle notre article, proportionne le montant de la subvention départementale à la valeur du centime communal, c'est-à-dire, au degré présumé de richesse de la commune.

On peut proposer deux systèmes pour calculer la subvention départementale. Dans le premier système, on considère que la subvention départementale doit être déterminée d'après le montant de la dépense à couvrir. Ainsi, pour donner un exemple, supposons une commune apte à recevoir 50 pour 100 et disposant de revenus ordinaires s'élevant à 100 francs pour faire face à une dépense totale de 500 francs. Le déficit, soit 400 francs, sera couvert par moitié, soit 200 francs, par des centimes additionnels communaux, et, pour l'autre moitié, soit encore 200 francs par une subvention du département. Nous aurons donc $100 + 200 + 200 = 500$

Dans un second système, les communes ne peuvent prétendre qu'à une subvention calculée sur le produit des centimes spéciaux et des taxes d'octroi.

C'est le premier système qui a été adopté, par la circulaire du 10 octobre 1894, pour le calcul de la subvention de l'Etat aux départements, et, par analogie de motifs, il doit être également admis pour calculer la subvention que le département doit accorder à la commune. Ce premier système, en effet, a l'avantage d'être conforme aux tableaux A et B annexés à la loi, alors que le second substituerait une proportion de 1/3 ou de 2/3 à celle qu'indique le tableau A. D'autre part, le mode de calcul est plus simple dans le premier système que dans le second. De plus, quelques passages du rapport de M. Emile Rey à la Chambre des députés contiennent des calculs qui supposent l'emploi du premier système. Nous devons donc conclure que l'administration s'est conformée, sinon au texte, tout au moins à l'esprit de la loi en employant le premier système.

L'art. 28 est ainsi conçu : « Les départements, outre les frais qui leur incombent de par les articles précédents, sont tenus d'accorder aux communes qui auront été obligées de recourir aux centimes additionnels ou à des taxes d'octroi des subventions d'autant plus fortes que leur centime sera plus faible, mais qui ne pourront dépasser 80 pour 100 ni être inférieures à 10 pour 100 du produit de ces centimes additionnels ou taxes d'octroi conformément au tableau A précité. En cas d'insuffisance des ressources spéciales de l'assistance médicale et des ressources ordinaires de leur budget, ils sont autorisés à voter des centimes additionnels aux quatre contributions directes dans la mesure nécessitée par la présente loi. »

La loi met, on le voit, à la charge du département deux sortes de dépenses, savoir : 1° les dépenses départementales proprement dites, occasionnées par l'assistance des malades qui ont un domicile de secours départemental ; 2° les subventions que doit accorder le département aux communes pauvres qui ont été obligées de recourir à des centimes additionnels spéciaux ou à des taxes d'octroi, pour leur faciliter l'application de la loi du 15 juillet 1893, leur imposant l'assistance médicale gratuite obligatoire. Comme nous l'avons expliqué plus haut, la subvention fournie par le département à chaque commune sera d'autant plus forte que la valeur du centime additionnel de la commune sera plus faible. En aucun cas, la subvention ne pourra dépasser 80 pour 100, ni être inférieure à 10 pour 100 du produit de ces centimes additionnels.

A l'aide de quelles ressources le département fera-t-il face aux dépenses que nous venons d'examiner?

D'abord, à l'aide des ressources spéciales de l'assistance médicale. Nous nous sommes expliqués déjà à ce sujet à propos des communes : nous renvoyons à ces explications. Ensuite à l'aide des ressources ordinaires du budget départemental et, enfin, à l'aide du vote de centimes additionnels aux quatre contributions dans la mesure nécessitée par l'application telle qu'elle est prévue par la loi de 1893.

Constatons que pour le département, aussi bien que pour la commune, le vote des centimes additionnels est obligatoire. Si un Conseil général refusait de les voter, il y aurait inscription d'office au budget départemental. Observons en outre que, si le nombre des centimes additionnels nécessités par l'application de la présente loi dépasse la limite du maximum fixé annuellement par la loi des finances, il faudra — conformément à l'art. 41 de la loi du 10 août 1871 — que la constitution votée par le Conseil général soit autorisée par une loi. C'est l'application pure et simple du droit commun.

« L'Etat concourt aux dépenses départementales

de l'assistance médicale par des subventions au département, dans une proportion qui variera de 10 à 70 pour cent du total des dépenses couvertes par des centimes additionnels et qui sera calculée en raison inverse de la valeur du centime départemental par kilomètre carré, conformément au tableau B ci-annexé. L'Etat est en outre chargé : 1° Des dépenses occasionnées par le traitement des malades n'ayant aucun domicile de secours; 2° des frais d'administration relatifs à l'exécution de la présente loi. »

Les dépenses supportées par l'Etat sont donc de trois sortes : 1° Les subventions accordées aux départements; 2° les dépenses occasionnées par le traitement des malades n'ayant aucun domicile de secours; 3° les frais d'administration relatifs à la présente loi. »

Les subventions accordées par l'Etat aux départements sont déterminées par des principes analogues à ceux qui régissent les subventions accordées par les départements aux communes. Elles ne seront donc accordées qu'aux départements obligés de voter des centimes additionnels pour faire face aux dépenses résultant du service départemental d'assistance médicale. La subvention de l'Etat sera naturellement plus ou moins élevée suivant le degré de richesse des départements. Cette richesse

s'apprécie d'après la valeur du centime additionnel ;
plus, en effet, le département est riche et plus le
centime additionnel rapporte.

Ainsi que le dit notre article, la subvention de
l'Etat sera en raison inverse de la valeur du centime départemental par kilomètre carré et calculée
suivant le tableau B annexé à la loi. La subvention
ne pourra jamais être inférieure à 10 pour 100 ni
supérieure à 70 pour 100 du total des dépenses
couvertes par des centimes additionnels.

L'Etat prend à sa charge, en second lieu, les dépenses occasionnées par le traitement des malades
qui n'ont ni domicile de secours communal, ni domicile de secours départemental. Cette disposition
s'imposait puisque, dans ce cas, ni le département,
ni la commune ne pouvaient être mis en cause.

Enfin, les frais d'administration relatifs à l'exécution de la présente loi sont mis par l'article 29 à la
charge de l'Etat.

Que faut-il entendre par l'expression « frais d'administration ? » Bien qu'il y ait eu controverse sur
ce point, on est généralement d'accord pour
admettre que les frais dont parle notre texte sont
ceux qui concernent l'administration centrale et la
surveillance exercée au nom et dans l'intérêt de
l'Etat.

L'Etat payera donc les frais occasionnés par la

surveillance qu'il exerce sur les départements et sur les communes et aussi les frais occasionnés par l'administration centrale nécessitée par l'application de notre loi. Les frais d'administration du service d'assistance communale et du service d'assistance départementale restent à la charge ou de la commune ou du département. Cette solution, de beaucoup la plus simple et la plus logique, semble ressortir des travaux préparatoires et a, du reste, été consacrée par la circulaire ministérielle du 18 mai 1894.

CHAPITRE VII

DISPOSITIONS GÉNÉRALES

Sous le titre un peu vague de « dispositions générales » le titre sixième et dernier de notre loi s'occupe de régler certains points, qui, bien que ne se rattachant pas d'une façon immédiate à l'organisation même de l'assistance médicale gratuite, n'en devaient pas moins cependant faire l'objet de dispositions spéciales.

Le premier article de ce titre (art. 30) nous indique que « les communes, les départements, les bureaux de bienfaisance et les établissements hospitaliers possédant, en vertu d'actes de fondation, des biens dont le revenu a été affecté par le fondateur à l'assistance médicale des indigents à domicile, sont tenus de contribuer aux dépenses du service de l'assistance médicale jusqu'à concurrence dudit revenu, sauf ce qui a été dit à l'article 25. »

Nous avons vu que le bureau d'assistance était un établissement ayant la personnalité civile et, par conséquent, ayant aussi la gestion et l'administration de tous les biens qui lui étaient attribués en vue de secourir les malades indigents.

Avant la loi du 15 juillet 1893, divers établissements charitables, comme les hôpitaux ou les bureaux de bienfaisance, avaient reçu des dons et legs dans le but spécial et nettement déterminé de secourir les indigents malades soignés à domicile. Leur enlever l'administration et la gestion de ces dons et legs, pour les donner au bureau d'assistance médicale, eût pu, dans beaucoup de cas, amener des difficultés ou — au moins — des tiraillements entre les diverses branches du service d'assistance. Aussi l'article 30 décide-t-il, en principe, que l'administration de ces dons et legs restera aux établissements qui les a reçus. Mais comme, d'autre part, la loi nouvelle enlevait à ces mêmes établissements les dépenses résultant du traitement des malades pour les mettre à la charge du service d'assistance médicale, il était juste de décider que les établissements hospitaliers ayant reçu des biens, dont le revenu devait être affecté à ce dernier service, seraient tenus de contribuer aux dépenses entraînées par son fonctionnement jusqu'à concurrence dudit revenu : c'est ce qu'a fait notre article. Il n'y a là qu'une application pure et simple du vieux principe : « *ubi onus, ibi emolumentum esse debet* ». Du reste, la loi du 30 juin 1838 pour les fondations faites en faveur des aliénés, et la loi du 5 mai 1869 pour les fondations constituées en faveur des enfants assistés, contenaient une disposition analogue.

Si quelque difficulté s'élevait entre les différents services à propos de l'application de l'article 30, le conseil de préfecture, d'abord, et le Conseil d'Etat, ensuite, seraient seuls compétents pour la trancher, car il s'agit ici d'une matière purement administrative. Néanmoins remarquons que — conformément aux principes du droit commun — les contestations portant sur l'interprétation des actes de fondation seraient du ressort de la juridiction civile.

On a prétendu qu'il y avait une contradiction flagrante entre les termes du § 4 de l'art. 11 et ceux de l'art. 30, relativement aux fondations possédées par les communes. D'après l'art. 11, en effet, l'administration desdites fondations est dévolue au bureau d'assistance ; d'après l'art. 30, la commune est seulement tenue de contribuer aux dépenses du service de l'assistance médicale jusqu'à concurrence du revenu de la fondation.

La contradiction est, peut-être, plus apparente

que réelle. On peut, semble-t-il, très bien concilier les deux articles en disant : l'art. 11 doit être entendu en ce sens que le bureau d'assistance, qui est un organe communal, administrera la fondation aux lieu et place de la municipalité ; et l'art. 30 en ce sens que tous les revenus de la fondation dont il s'agit devront être employés aux dépenses du service d'assistance médicale. Observons en même temps que l'art. 30 ne parle que des fondations faites pour subvenir aux dépenses de l'assistance à domicile. excluant, par là même, les fondations faites en vue de subvenir aux dépenses d'hospitalisation qui demeurent, comme par le passé, à la disposition des hôpitaux qui continuent à les administrer et à les gérer.

Avec l'art. 31, nous voyons comment s'opèrent les recouvrements relatifs au service de l'assistance médicale. Ils « s'effectuent comme en matière de contributions directes. — Toutes les recettes du bureau d'assistance pour lesquelles les lois et règlements n'ont pas prévu un mode spécial de recouvrement s'effectuent sur les états dressés par le président. — Ces états sont exécutoires après qu'ils ont été visés par le préfet ou le sous-préfet. — Les oppositions, lorsque la matière est de la compétence des tribunaux ordinaires, sont jugées comme affaires sommaires, et le bureau peut y défendre sans autorisation du conseil de préfecture. »

Notons simplement, au sujet de cet article, que les impôts directs sont recouvrés en vertu de rôles nominatifs, rendus exécutoires par le préfet, et sur lesquels figurent le nom de chaque contribuable et le montant des impôts qu'il doit payer.

« Les certificats, significations, jugements, contrats, quittances et autres actes faits en vertu de la présente loi et exclusivement relatifs au service de l'assistance médicale, sont dispensés du timbre et enregistrés gratis lorsqu'il y a lieu à la formalité de l'enregistrement sans préjudice de la loi du 22 janvier 1851 sur l'assistance judiciaire » (art. 32).

La loi du 15 juillet 1893 est une *loi* d'intérêt général avant tout *humanitaire*; on comprend donc sans peine que, dans l'intérêt même du service d'assistance médicale, le législateur ait voulu dispenser de tous droits d'enregistrement et de timbre les actes relatifs à ce service. Le texte nous dit : « Les certificats, etc., *exclusivement* relatifs... » Nous devons en conclure que l'exemption d'impôt ne pourrait pas être reconnue aux mémoires qui ne comprendraient pas exclusivement les frais de traitement ou de séjour des malades inscrits sur la liste d'assistance. Mais, s'il convient de ne pas étendre arbitrairement le principe posé par l'art. 32, il importe aussi de n'en pas restreindre la portée. C'est pourquoi tous actes, faits en vertu de la présente loi et exclusivement relatifs à son application, comme les mémoires produits par les médecins et pharmaciens de l'assistance sont exempts des droits de timbre et d'enregistrement. Les travaux préparatoires sont formels à cet égard et aussi plusieurs décisions du ministre de l'Intérieur.

L'art. 33 règle le contentieux de l'assistance médicale :

« Toutes les contestations relatives à l'exécution soit de la délibération du conseil général prise en vertu de l'art. 4, soit du décret rendu en vertu de l'art. 5, ainsi que les réclamations des commissions administratives relatives à l'exécution de l'arrêté préfectoral prévu à l'art. 24, sont portées devant le conseil de préfecture du département du requérant, et, en cas d'appel, devant le Conseil d'Etat. — Les pourvois devant le Conseil d'Etat, dans les cas prévus au paragraphe précédent, sont dispensés de l'intervention de l'avocat. »

A vrai dire, nous ne trouvons là que l'application pure et simple du contentieux administratif. En effet, toutes les contestations indiquées par l'art. 33 présentent un caractère administratif ; elles doivent donc logiquement être dévolues à la juridiction administrative. En outre, il faut, dans l'intérêt bien entendu du service gratuit d'assistance médicale, que ces contestations soient tranchées rapidement et avec le moins de frais possible. Le conseil de préfecture sera donc juge, et, en cas d'appel, on ira devant le Conseil d'Etat. Par raison d'économie, les pourvois devant le Conseil d'Etat sont dispensés de l'intervention d'un avocat.

L'art. 34, qu'il nous suffira de transcrire, est ainsi conçu : « Les médecins du service de l'assistance médicale gratuite ne pourront être considérés comme inéligibles au conseil général ou au conseil d'arrondissement à raison de leur rétribution sur le budget départemental. »

La raison qui a déterminé le législateur à formuler cette disposition est facile à comprendre. On a voulu que le nouveau service ne fût pas privé du concours de certains praticiens qui eussent peut-être hésité à renoncer à un mandat de conseiller général ou de conseiller d'arrondissement. Ajoutons que la loi municipale du 5 avril 1884 avait déjà pris, dans son art. 33, des dispositions analogues au sujet de certains agents salariés de la commune par identité de motifs.

« Les communes ou syndicats de communes qui justifient remplir d'une manière complète leur devoir d'assistance envers leurs malades peuvent être autorisés par une décision spéciale du ministre de l'intérieur, rendue après avis du conseil supérieur de l'assistance publique, à avoir une organisation spéciale » (art. 35).

Bien avant la loi que nous étudions, certaines communes possédaient déjà un service d'assistance médicale fonctionnant d'une manière régulière et suffisante. Soumettre ces communes au régime nouveau eût été faire œuvre inutile et parfois même dangereuse. On aurait pu, en agissant ainsi, contrarier d'anciennes habitudes et amener une perturbation profonde dans un service qui fonctionnait bien. Aussi notre article dépose-t-il que les communes ou syndicats de communes qui assistent leurs malades d'une manière complète pourront être autorisées à avoir, c'est-à-dire, en fait, à conserver leur organisation spéciale

L'autorisation dont s'agit sera donnée par le ministre de l'intérieur. Cependant comme, en certains cas, la décision du ministre pourrait être taxée d'arbitraire, notre texte décide qu'elle sera rendue après avis du conseil supérieur de l'assistance publique.

On s'est quelquefois demandé si l'avis émis par le conseil supérieur de l'assistance publique pouvait lier le ministre ? Il faut évidemment répondre que le ministre conserve toujours son droit plein et entier de décision, mais ajoutons que pratiquement, dans la plupart des cas, la décision du ministre s'inspire dans une large mesure de l'avis donné par le conseil supérieur.

Quelle sera, au point de vue financier, la situation exacte de la commune autorisée par décision ministérielle à se prévaloir du bénéfice de l'art. 35 ? D'abord, croyons-nous, la commune se plaçant d'elle-même en dehors des conditions de la loi du 15 juillet 1893 ne pourra réclamer soit au département, soit à l'Etat aucune subvention. Il n'y a guère que les communes riches, c'est-à-dire les communes subvenant à toutes les dépenses du service au moyen de leurs seules ressources ordinaires qui puissent invoquer le bénéfice de notre texte. D'autre part, plusieurs circulaires ministérielles ont décidé que les communes profitant de l'art. 35 n'en seraient pas moins tenues à supporter les centimes départementaux afférents au service d'assistance médicale gratuite. Cette décision, qui, à première vue, peut paraître injustifiée, s'explique par cette raison que l'assistance médicale gratuite est une œuvre de solidarité sociale dans laquelle les communes riches, alors même qu'elles resteraient en dehors de la sphère d'application de la loi de 1893, doivent venir en aide aux communes pauvres dont les ressources sont insuffisantes pour assurer d'une manière efficace l'assistance médicale.

Nous avons déjà parlé plus haut (2ᵉ partie, Chapitre III), en nous occupant du domicile de secours, de l'art. 36 et de la controverse qu'il soulève. « Sont abrogées, nous dit cet article, les dispositions du décret-loi du 24 vendémiaire an II, en ce qu'elles ont de contraire à la présente loi ».

L'abrogation dont nous parle l'art. 36 est-elle générale ou au contraire spéciale aux indigents malades ?

La question a été vivement discutée. La circulaire ministérielle du 18 mai 1894, que l'on a parfois invoquée, ne peut être d'aucun secours pour résoudre la question puisqu'elle dit simplement : « Vous remarquerez que l'abrogation du décret-loi du 24 vendémiaire an II n'est prononcée qu'en tant que ses dispositions sont contraires à la loi du 15 juillet 1893.

Néanmoins, il faut, selon nous, décider que la loi de 1893, en abrogeant le décret de vendémiaire dans ses dispositions contraires à la présente loi, n'a eu en vue que les malades indigents auxquels la loi s'applique exclusivement.

Comme nous l'avons déjà indiqué, l'art. 8 de la loi du 15 juillet 1893 nous donne une indication dans ce sens. De plus, cela semble résulter et des observations présentées au conseil supérieur de l'assistance publique, et de l'exposé des motifs du projet de loi du gouvernement.

En effet, dans un rapport au conseil supérieur, le docteur Dreyfus-Brisac déclare formellement que les règles nouvelles sur le domicile de secours édictées par la loi du 15 juillet 1893 devront s'appliquer aux seuls indigents malades. D'autre part, deux passages de l'exposé des motifs du projet de loi du gouvernement indiquent également que les dispositions de la loi nouvelle ne s'appliquent qu'aux seuls malades indigents. Or, dans la discussion qui eut lieu devant les Chambres, rien n'indique que le législateur ait entendu déroger sur ce point au projet du gouvernement.

Nous avons terminé l'analyse de la loi du 15 juillet 1893. Avant d'en examiner les résultats pratiques, nous allons, dans un court appendice, voir quel est le régime en vigueur, pour l'assistance médicale à Paris où la loi de 1893 n'est pas appliquée.

CHAPITRE VIII

ORGANISATION DE L'ASSISTANCE MÉDICALE A PARIS

La ville de Paris, dans laquelle se trouvait organisé, bien avant la loi de 1893, un système complet
d'assistance, devait tout naturellement bénéficier des
dispositions de l'art. 35 de ladite loi.

C'est le décret du 15 novembre 1895, modifiant
celui du 12 août 1886, qui règle l'organisation de
l'assistance à domicile à Paris. Il comprend 42 articles et se divise en 2 titres. Le titre premier traite de
l'assistance aux indigents et aux nécessiteux ; nous
n'avons donc pas à nous en occuper ici. Le titre II,
le seul qui nous intéresse en ce moment, s'occupe
de l'assistance médicale. Nous allons l'analyser à
grands traits pour avoir une idée de l'assistance médicale gratuite telle qu'elle fonctionne à Paris.

L'organisation et la direction de l'assistance mé

dicale et des services qui en dépendent sont confiées au directeur de l'assistance publique, qui centralise les différents services d'assistance. Les bureaux de bienfaisance restent chargés, sous l'autorité du directeur, de visiter et d'assister les malades pauvres ; le service d'assistance médicale assure aux malades soit la visite et le traitement à domicile, pour le cas où il est possible, soit la consultation et le traitement au dispensaire.

Ont droit à l'assistance médicale gratuite les malades inscrits sur la liste des indigents ou reconnus nécessiteux par la délégation permanente de chacun des bureaux de bienfaisance, qui se réunit chaque jour à la mairie sous la présidence du maire ou d'un adjoint désigné par lui. Ajoutons qu'il y a un bureau de bienfaisance par arrondissement (art. 30, 31, 7 et 1).

Dans chaque dispensaire se trouve un personnel médical chargé de soigner les malades, un personnel administratif et un personnel auxiliaire, pouvant comprendre des dames chargées d'assister les malades traités à domicile.

C'est le préfet qui, sur une liste de trois candidats présentés par le directeur, nomme les employés ayant droit à une pension de retraite ; le directeur nomme les surveillants et les gens de service.

Les médecins préposés au service de l'assistance

médicale sont nommés au concours pour trois années commençant au 1ᵉʳ janvier qui suit leur institution. Ils reçoivent leur investiture du ministre de l'intérieur et peuvent être réinvestis, après avis du directeur de l'assistance publique et du bureau de bienfaisance dans le ressort duquel ils exercent leurs fonctions.

On alloue une indemnité fixe aux médecins de l'assistance médicale. De plus, ceux d'entre eux qui sont chargés du traitement à domicile reçoivent une indemnité proportionnelle au nombre de visites qu'ils ont faites pendant l'année.

Les médecins de l'assistance médicale ne peuvent pas être, en même temps, administrateurs du bureau de bienfaisance.

Le ministre de l'Intérieur, seul, peut destituer les médecins de l'assistance médicale, après avis du conseil de surveillance ; mais le préfet de la Seine peut les suspendre provisoirement en cas d'urgence (art. 33 et 34).

Les sages-femmes, qui doivent résider dans l'arrondissement où elles exercent leurs fonctions, sont nommées par le directeur (art. 36).

Les malades et les femmes enceintes, qui sont assimilées à des malades, ont la faculté de choisir leur médecin ou leur sage-femme parmi les médecins et les sages-femmes qui exercent leurs fonctions dans leur quartier ou dans leur arrondissement.

La fourniture des médicaments s'opère d'une autre façon que celle prévue par la loi du 15 juillet 1893. En effet, aux termes de l'art. 38 du décret de 1895, il existe dans un ou plusieurs des dispensaires de chaque arrondissement une pharmacie spéciale approvisionnée par la pharmacie centrale des hôpitaux. Les pharmaciens, nommés par le directeur de l'assistance publique et touchant un traitement fixe, doivent pour assurer constamment le service habiter le dispensaire (art. 38 et 39).

Cependant, s'il y avait un réel avantage, le directeur, après avis du conseil de surveillance, pourrait autoriser la fourniture des médicaments par les pharmaciens de la ville (art 38).

A l'aide de quelles ressources le décret a-t-il pourvu aux dépenses nécessitées par le service d'assistance médicale gratuite tel qu'il est organisé ? A cet égard l'art. 40 dispose : « Les dépenses afférentes au service de l'assistance médicale forment un chapitre spécial du budget de l'assistance publique. Les fonds alloués actuellement aux bureaux de bienfaisance pour le traitement des malades et des accouchées font retour au budget général de l'assistance publique. »

A un régime exceptionnel, il fallait des ressources

exceptionnelles. Puisque le service de l'assistance médicale gratuite se trouve rattaché à la direction générale de l'assistance publique, il est nécessaire, ainsi que le dit l'art. 40, que les dépenses afférentes à ce service forment un chapitre spécial du budget de l'assistance publique voté, par conséquent, par le conseil municipal comme tous les autres chapitres du même budget. Il est juste, d'autre part, que les fonds alloués auparavant à chaque bureau de bienfaisance pour son fonctionnement fassent retour au budget général.

Telle est, très succinctement résumée, l'organisation de l'assistance médicale à Paris.

TROISIÈME PARTIE

CHAPITRE PREMIER

APPLICATION DE LA LOI DU 15 JUILLET 1893

Nous avons, dans les chapitres qui précèdent, étudié à grands traits la loi du 15 juillet 1893 et essayé de dégager par l'analyse les principes généraux qui ont présidé à sa confection. Il nous reste maintenant à examiner comment elle a été comprise et appliquée et quels résultats elle a fournis.

La loi votée en 1893 ne pouvait pas recevoir une application immédiate. Il était trop tard pour discuter et voter le crédit à inscrire au budget pour former la subvention que l'État doit répartir entre les départements, conformément à l'art. 29. Il était également trop tard pour inviter les conseils généraux à prendre, dans leur session d'août, les dispositions et la réglementation nécessaires pour organiser un service d'assistance médicale dans chaque département. Aussi la loi n'a-t-elle pu s'appliquer d'une façon générale qu'à partir du 1er janvier 1895.

Est-ce à dire cependant que l'administration soit restée inactive et n'ait pas pris les mesures nécessaires pour hâter, dans la mesure du possible, l'application de la loi?

Evidemment non, et il est juste de reconnaître qu'elle a apporté dans sa tâche beaucoup de zèle et de diligence. Dès la fin de juillet 1893, le ministre de l'intérieur signalait aux préfets l'importance de la loi nouvelle, leur recommandant d'étudier d'urgence les mesures qu'il leur semblerait utile de proposer au Conseil général de leur département pour hâter la création et le fonctionnement du service. Quelques jours après, de nouvelles instructions indiquaient aux préfets comment et de quelle manière devaient être nommés les membres du bureau d'assistance médicale.

Le 18 mai 1894, nouvelle circulaire également adressée aux préfets sur « l'exécution de la loi du 15 juillet 1893 ». Cette circulaire très détaillée, et qui contient un commentaire de chacun des articles de la loi, devait être d'un puissant secours à l'administration préfectorale pour lui permettre de faire

aux conseils généraux des propositions d'organisation conformes à l'esprit et au texte de la loi nouvelle.

Enfin, deux autres circulaires du 31 juillet et du
8 août 1894 fixaient le sens exact des articles de la
loi relatifs à la comptabilité départementale.

De son côté, le conseil supérieur de l'assistance
publique était appelé par le gouvernement à délibérer sur la meilleure manière d'appliquer la loi du
15 juillet 1893. De ces délibérations sortirent deux
projets de règlement : l'un d'après le système des
circonscriptions médicales, l'autre d'après le système
vosgien. Ces deux règlements ont été sur bien des
points modifiés par les conseils généraux, qui étaient
mieux placés pour apprécier les exigences locales
particulières. Ils n'en ont pas moins fourni de précieuses indications tant aux conseils généraux qu'à
l'administration préfectorale.

Il résulte d'une statistique empruntée aux docu-
ments émanant du conseil supérieur de l'assistance
publique qu'à la date du 1er janvier 1895, 44 départements avaient adopté le système vosgien, et 21 le
système des circonscriptions médicales. Dans chaque
département, le prix de la visite différait, et le prix
de la journée d'hospitalisation variait de département à département et même, parfois, d'hospice à
hospice dans le même département.

A partir du 1er janvier 1895, la loi du 15 juillet 1893 est entrée dans sa phase d'application générale.

Dans un rapport adressé au ministre de l'intérieur sur l'application de notre loi pendant l'année 1896, M. Henri Monod, directeur de l'assistance et de l'hygiène publiques, constate que l'impression dominante produite par les délibérations des conseils généraux, est que ces assemblées ont pris très vite conscience de leur rôle dans l'organisation du service d'assistance médicale gratuite, et usé modérément, sans faiblesse ni précipitation, du pouvoir réglementaire que la loi de 1893 leur accorde en cette matière. Si quelques départements, ajoute-t-il, sont restés réfractaires à l'état de choses nouveau, ils ont tous abordé l'exécution de la loi en en discutant certaines conditions, ce qui est une façon de s'acheminer vers son application.

Du reste, dans certains départements, le retard apporté dans l'exécution de la loi ne provenait pas uniquement de la mauvaise volonté du conseil général. Citons-en quelques exemples :

Dans les Alpes-Maritimes, il y avait entre autres difficultés à incorporer dans la nouvelle organisation le système d'origine italienne des « medici condotti », pratiqué avant l'annexion à la France par des communes de l'ancien comté de Nice. Une longue correspondance dut être échangée à cet égard entre l'administration préfectorale et l'administration centrale. Ce fut seulement au mois d'août 1896 que l'administration supérieure fit connaître que cette pratique pouvait être conservée, conformément aux prescriptions du conseil supérieur de l'assistance publique qui recommande de ne pas trop viser à l'uniformité dans les règlements départementaux.

Dans le département des Hautes-Pyrénées, et jusqu'en 1898, un malentendu d'ordre financier a empêché l'organisation du service à domicile, l'hospitalisation fonctionnant seule. Le 18 août 1897, le conseil général a émis le vœu suivant : « Le conseil, considérant que la plupart des communes du département ne suffisent à leurs dépenses obligatoires qu'à l'aide de centimes additionnels et que la valeur du centime est en moyenne de 3 francs pour la presque totalité d'entre elles ; considérant que, d'un côté, l'émiettement des communes (481 pour une population de 225.000 âmes), et, de l'autre, l'insuffisance de leurs ressources sont un obstacle absolu à l'application de la loi organisant l'assistance médicale gratuite ; considérant que le refus de toute allocation de l'État aux communes pourvues d'un bureau de bienfaisance doté de revenus suffisants pour constituer l'apport de la commune dans les dépenses du service est un des motifs de la résistance des populations à l'application de la loi ; émet le vœu que :

l'État prenne à sa charge toutes les dépenses de l'assistance dans les petites communes surchargées de centimes additionnels. »

Dans le Lot-et-Garonne et dans le Gard, des difficultés d'ordre analogue se sont élevées et ont retardé en tout ou en partie l'organisation du service d'assistance médicale gratuite.

Dans le Rhône, le retard survenu dans l'exécution de la loi provient uniquement de difficultés relatives à l'organisation hospitalière, l'application combinée des lois du 7 août 1851 et du 15 juillet 1893 ayant soulevé à Lyon des questions d'actes de fondation qu'on pouvait craindre de voir déférées à la juridiction contentieuse. Ajoutons qu'un accord est intervenu aux termes duquel l'assistance médicale à domicile, telle qu'elle est prévue par la loi du 15 juillet 1893, fonctionne depuis le 1er janvier 1898. Il a été convenu que l'on attendrait les résultats du fonctionnement du nouveau service pour déterminer dans quelle mesure l'hospitalisation, déjà assurée en vertu de la loi de 1851, devra se développer, en vertu de la loi de 1893, au profit des malades qui ne peuvent être utilement soignés à domicile.

Il semble d'ailleurs qu'à l'heure actuelle les divers exemples de conflits que nous venons de donner aient en partie disparu et que les départements soient entrés dans la voie de l'application de la loi de 1893.

A la vérité, quelques Conseils généraux — comme celui de la Vienne — ont, tout en organisant l'assistance médicale gratuite, émis un vœu tendant à un retour en arrière ; mais la grande majorité a reconnu que la loi — si imparfaite qu'elle soit — réalise un réel progrès.

Dès 1896, la désignation des hôpitaux de rattachement était déjà faite dans presque toute la France.

En 1897 et 1898 les modifications intervenues ont été peu nombreuses. Quelques communes ont été distraites d'une circonscription pour être rattachées à un autre hôpital ; très peu d'additions et encore moins de retranchements ont été faits à la liste des hôpitaux de rattachement.

Le prix de journée dans ces divers hôpitaux n'a guère varié depuis 1895 et 1896. Cela s'explique par trois considérations : 1° la liste des centres hospitaliers n'ayant pas été modifiée, ainsi que nous venons de le voir, il n'y a pas eu besoin de procéder à beaucoup de fixations nouvelles ; 2° les fixations primitives avaient été faites presque partout pour cinq ans, conformément aux prescriptions ministérielles, et, sauf dans des cas exceptionnels et justifiés, les Conseils généraux ont cru devoir n'y rien changer avant l'expiration de la période quinquennale ; 3° les éléments d'information manquent et manqueront encore pendant plusieurs années, pour discuter en connaissance de cause l'établissement du prix de revient, de sorte que les fixations arbitraires restent tant qu'il n'est pas possible de leur substituer des fixations sûres.

Remarquons toutefois que, dans le département du Nord, la période quinquennale a été précédée de deux périodes pendant lesquelles les informations ont été prises pour contrôler les premiers éléments de fixation des prix.

En ce qui concerne la désignation des médecins, des sages-femmes, des pharmaciens, la seule tendance un peu accusée est pour une réglementation moins étroite de cette partie du service. Ainsi, le Conseil général de l'Aube a décidé « de laisser la plus grande latitude aux communes pour la désignation des médecins et l'organisation du service. » Celui du département de l'Yonne a autorisé les municipalités à faire des traités pour cinq ans avec les médecins. Le Morbihan, qui avait d'abord paru décidé à faire désigner les médecins par le préfet, s'en est finalement rapporté aux choix des assistés.

Ajoutons, par contre, que le Conseil général de la Corse a restreint le choix des assistés en donnant mission au préfet de traiter avec certains praticiens.

Le résultat de ces diverses modifications est que

dans 45 départements existe aujourd'hui le choix des médecins par les assistés ; dans 23, le système des circonscriptions médicales ; dans 9, un système mixte ; et dans les autres, tous les systèmes pratiqués parallèlement.

Pour la rémunération des praticiens, et en particulier des médecins, deux courants apparaissent dans l'ensemble des délibérations des Conseils généraux. « Le premier, qui se manifeste dans la Manche, la Gironde, l'Eure-et-Loir, etc…, tend à donner aux communes une grande liberté pour le mode de rémunération des médecins. Le second courant marque un retour vers le système de l'abonnement ; l'Aisne l'a énergiquement confirmé ; le Lot l'a établi ; la Haute-Garonne, l'Ille-et-Vilaine, l'Oise, y sont revenus après avoir essayé le payement à la visite. » Les lignes qui précèdent sont empruntées à un article de M. de Crisenoy extrait des annales des assemblées départementales et relatifs aux questions d'assistance et d'hygiène publiques traités en 1896, dans les Conseils généraux.

Bien que l'établissement de dispensaires dans les services d'assistance médicale gratuite ait été vivement recommandé par plusieurs circulaires ministérielles, il ne semble pas que les autorités municipales s'en soient beaucoup préoccupées. Cela tient d'abord à ce que les indigents aiment mieux

— en général — faire appeler le médecin à domicile, ce qui enlève au dispensaire beaucoup de son utilité, et aussi à ce que l'on a craint que le dispensaire ne fût souvent transformé en une pharmacie illégale. Il n'y a que le département de la Lozère qui semble avoir compris tout le bénéfice que l'on peut tirer de l'établissement des dispensaires ; le département de Vaucluse, qui en avait établi quelques-uns, a dû les supprimer et remettre la question à l'étude.

Il nous reste un point particulièrement important à examiner, c'est celui de la confection des listes d'assistance.

On pouvait craindre, en effet, que chaque bureau d'assistance abusât des droits qui lui sont conférés par la loi pour établir la liste d'assistance, ou bien en n'inscrivant pas tous les indigents, ou bien, au contraire, en inscrivant des individus qui n'étaient pas réellement indigents. A cet égard, quelles indications nous fournit la statistique ?

Si l'on s'en rapporte aux chiffres fournis par les rapports adressés au ministre de l'Intérieur, il résulte, qu'en dehors de l'intervention des commissions d'appel, une tendance s'est manifestée dans le sens d'une restriction des admissions aux secours, tendance qui a évidemment sa source principale dans la manifestation de l'intérêt communal à ne pas trop étendre le nombre des bénéficiaires de la loi. Mais, si la situation est satisfaisante dans son ensemble, il n'en faut pas moins constater qu'il s'est produit, en matière d'inscription sur la liste d'assistance, des abus indéniables. Ainsi, et pour ne citer qu'un exemple, dans le département de l'Aude, certaines communes ont inscrit sur les listes d'assistance tous leurs habitants ; d'autres, au contraire, n'ont inscrit personne, c'est-à-dire n'ont pas en réalité dressé de liste, se contentant de procéder par voie d'admission d'urgence au fur et à mesure des besoins. Ces abus contraires ont amené des perturbations fâcheuses dans le fonctionnement du service et porté atteinte aux prévisions budgétaires les mieux établies.

Dans le département de la Dordogne, un des derniers où le service d'assistance médicale ait été organisé, des abus du même genre ont également été relevés. Dans le compte rendu présenté au conseil général dans la séance du 27 avril 1897, on lit : « L'inscription des indigents s'est faite, dans un grand nombre de communes, sans soin, sans contrôle. On a transformé en indigents des contribuables très capables de payer les consultations médicales. Il est des communes où l'on a inscrit sur les listes jusqu'aux conseillers municipaux. »

Tous ces abus sont profondément regrettables ;

ajoutons seulement qu'ils se sont produits, pour la plupart, dans des départements comme l'Aude, la Dordogne, la Corse, où l'application de la loi était à son début et où, par conséquent, les autorités départementales et les autorités communales manquant d'expérience devaient presque toujours aboutir à des résultats imparfaits.

En ce qui concerne les frais du traitement à domicile, les statistiques nous apprennent qu'ils ont augmenté et pour les honoraires médicaux et pour les frais pharmaceutiques, surtout pour ces derniers qui se sont accrus depuis l'année 1896 de plus d'un tiers.

Pour nous résumer, nous pouvons dire qu'à la fin de l'année 1897 le service d'assistance médicale gratuit était organisé dans quatre-vingts départements, comptant une population de 32.000.000 d'habitants en chiffres ronds. Dans la plupart de ces départements, le nouveau service fonctionnait d'une manière à peu près satisfaisante. Les rapports du ministère de l'intérieur sur l'exécution de la loi de 1893 pendant l'année 1898 n'ont pas encore paru, mais il est permis de conjecturer qu'ils marqueront sans doute un nouveau progrès.

De toutes ces constatations, il résulte que la loi du 15 juillet 1893 constitue pour tous, et particulièrement pour les populations rurales, un réel bienfait.

Néanmoins, il faut bien le dire, il reste encore beaucoup à faire et l'œuvre du législateur de 1893 est très imparfaite.

CHAPITRE II

CRITIQUE DE LA LOI DU 15 JUILLET 1893

Un des avantages de la loi de 1893 a été de créer un bureau de bienfaisance partout où il n'en existait pas. Nous avons analysé plus haut les autres bons résultats qu'elle a produits; il nous reste maintenant à examiner sommairement ses imperfections et ses lacunes.

D'abord, la loi pose nettement en principe que l'assistance médicale doit être donnée à domicile. Ce n'est que lorsqu'il y a impossibilité absolue de soigner un malade à domicile que l'on doit recourir à l'hospitalisation. En principe, cette préférence accordée par la loi au traitement à domicile peut paraître excellente. Malheureusement on doit se demander si le législateur n'a pas été trop loin en inscrivant dans l'art. 1er le mot « impossibilité ». En effet, il y a tels cas où le traitement à domicile est possible théoriquement et où, cependant, il vaudrait mieux pratiquement recourir à l'hospitalisation. Ainsi, il se peut très bien que le malade n'ait point chez lui les vêtements et le linge nécessaires pour permettre d'obtenir une prompte guérison ; s'il était hospitalisé, le traitement deviendrait plus efficace par ce seul fait que le médecin aurait sous la main tous les objets et accessoires indispensables à un traitement méthodique. De plus, il se peut et c'est le cas de beaucoup d'indigents, que le logement dans lequel se trouve le malade soit insalubre et ne présente pas toutes les conditions d'hygiène nécessaires pour obtenir une prompte guérison. Dans cette hypothèse, le traitement à domicile a le grave inconvénient de prolonger la maladie, à supposer même qu'il ne contribue pas à l'aggraver.

L'hôpital, dit-on communément, est un lieu dans lequel les malades se trouvent douloureusement impressionnés par la souffrance d'autrui, ce qui, dans une certaine mesure, peut contribuer à retarder la guérison. Cela est vrai mais il ne faudrait pourtant pas exagérer car, si l'on envisage les faits dans leur réalité brutale, on voit souvent que, dans beaucoup de familles pauvres, l'indigent malade est négligé et ne rencontre qu'indifférence parmi les siens qui, parfois, font argent et des médicaments et des secours qui leur sont fournis pour combattre la maladie.

Ne semble-t-il pas, alors, que l'hospitalisation serait préférable ?

Sans doute, on objectera que le traitement à domicile est plus économique que l'hospitalisation et qu'après tout les ressources de la collectivité, qui fournit l'assistance, ne sont pas indéfinies. — Assurément, l'argument a une valeur incontestable. Beaucoup de communes ne pourraient pas, faute de ressources suffisantes, hospitaliser un grand nombre de malades. Mais, dans certains cas, il faut bien remarquer que l'économie réalisée par le traitement à domicile, sera illusoire.

La maladie s'aggravera peut-être, par suite des mauvaises conditions dans lesquelles se sera trouvé placé le malade soigné à domicile et il faudra recourir finalement à l'hospitalisation.

Nous concluons donc que, tout en maintenant le principe du traitement à domicile, le législateur eût pu se montrer plus large et rayer du texte de la loi le mot « impossibilité » laissant ainsi davantage à l'homme de l'art le soin de décider dans quels cas l'hospitalisation serait préférable, dans quels cas, au contraire, le traitement à domicile serait suffisant.

La loi du 15 juillet 1893 ne se borne d'ailleurs

pas, comme nous l'avons vu, à s'occuper du traitement à domicile ; elle parle de l'hospitalisation, sup-
posant ainsi que le malade peut y avoir droit. Mais
cette faculté accordée aux malades est plus apparente
que réelle.

A la vérité, l'art. 25 nous dit que tous les lits
dont l'affectation ne résulte pas d'actes de fondation
d'édits d'union ou de conventions particulières, et
qui, d'autres part, ne sont pas reconnus nécessaires
aux services des vieillards incurables, des militaires,
des enfants assistés et des maternités, seront affectés au service de l'assistance médicale. Cette mesure
est manifestement insuffisante, car, dans la plupart
des hôpitaux, les lits ainsi affectés au service de
l'assistance médicale gratuite sont en nombre beaucoup trop restreint. Il eût fallu organiser un système complet d'hospitalisation pour les cas où elle
serait reconnue nécessaire et créer — à l'aide de
subventions fournies par le département et par
l'Etat — les ressources suffisantes au développement
du système ainsi compris. Il y a là dans la loi une
grave lacune qu'il paraît indispensable de combler
au plus tôt.

Le législateur a entendu faire de la commune le
fondement, et en quelque sorte le « pivot » de l'assistance médicale. Ce système d'assistance dans la
commune était assurément et de beaucoup le plus

rationnel et le plus logique. C'est, en effet, la collectivité la plus petite qui, en vertu même du principe de solidarité, doit être tenue à l'obligation d'assistance. Mais alors, pourquoi ne pas accorder à la commune une plus grande initiative et une plus grande autorité dans l'organisation du service? Pourquoi ne pas permettre à chaque conseil municipal d'élaborer un plan d'organisation du service, sauf à le soumettre à l'approbation de l'autorité supérieure? On répondra que, souvent, l'autorité municipale n'aurait ni la compétence, ni les lumières nécessaires pour bien organiser un pareil service. On ajoutera, en outre, que le conseil général du département sera mieux placé, à raison de sa plus grande indépendance, pour concilier les intérêts locaux et les intérêts généraux, qu'un conseil municipal qui se laissera souvent déterminer par des raisons d'ordre purement local auxquelles il n'hésitera pas à sacrifier l'intérêt général.

Ces considérations ont assurément leur valeur, mais, sans accorder à la commune une liberté complète qui, dans bien des cas, serait nuisible, peut-être aurait-on pu lui accorder néanmoins une plus large initiative dans la création et l'organisation d'un service où la commune, ne l'oublions pas, joue un rôle essentiel.

Sur ce point, plusieurs conseils généraux ont

émis des vœux tendant à donner à la commune une initiative plus large. Certains ont même laissé aux communes une grande latitude en ce qui concerne le choix des médecins et l'organisation du service. Nous avons cité plus haut, dans ce sens, les exemples de l'Aube et de l'Yonne. Il serait bon que cette mesure se généralisât.

Nous avons vu, en étudiant l'article 30, que les communes, les départements, les bureaux de bienfaisance et les établissements hospitaliers, qui possédaient des biens dont le revenu avait été affecté par le fondateur à l'assistance médicale à domicile, étaient tenus de contribuer aux dépenses du nouveau service jusqu'à concurrence dudit revenu.

Cette disposition est incomplète. A côté des revenus spécialement affectés à l'organisation de l'assistance médicale gratuite, il y a, dans chaque commune, les ressources spéciales de l'assistance qui, aux termes de l'article 27, doivent contribuer à couvrir les frais de ce service. Nous avons vu que c'était le préfet qui déterminait, au cas de contestation, la quotité qui devait revenir au bureau d'assistance médicale sur le montant de ces ressources spéciales. Pour ne rien laisser, en cette matière, à l'arbitraire du préfet, et pour éviter des tiraillements toujours fâcheux entre les divers services d'assistance, la loi aurait dû indiquer, dans l'article 30, la part que chaque bureau d'assistance médicale pourrait réclamer sur les ressources spéciales d'assistance possédées par les bureaux de bienfaisance.

L'article 35, on se le rappelle, autorise sous des conditions déterminées, certaines communes à posséder une organisation spéciale. Il résulte des travaux préparatoires et des explications fournies au conseil supérieur de l'assistance publique que l'article 35 était considéré comme devant permettre à certaines grandes villes de conserver une vieille organisation très satisfaisante parce qu'elles étaient bien outillées et avaient de grandes ressources.

Malheureusement, cet article 35, à raison même des termes trop vagues dans lesquels il est rédigé, a été mal interprété et doit fatalement favoriser les infractions à la loi.

En effet, lorsqu'on examine les demandes faites par les communes pour obtenir le bénéfice de l'art. 35, on constate avec surprise que la majorité d'entre elles émanent des communes qui ne sont pas en situation de donner l'assistance à leurs malades sans l'appui du département. Bien plus, on remarque souvent que, même lorsqu'il s'agit de villes très importantes, les conditions exigées par l'article sont très médiocrement réalisées. Quel intérêt ont donc ces communes à demander l'application de l'art. 35 ?

Un seul bien évident : celui de se soustraire à l'application de la loi qui entraînerait pour elles des charges budgétaires assez considérables.

La commune qui a fait la demande et qui souvent ne possède qu'un semblant d'organisation d'assistance médicale espère, grâce à certaines influences, obtenir la décision ministérielle qui lui permettra d'esquiver les charges nouvelles imposées par la loi.

Le conseil supérieur de l'assistance publique, il est vrai, consulté par le gouvernement, a élaboré un projet déterminant d'une façon précise à quelles conditions une commune pourrait demander le bénéfice de l'art. 35. Nous ferons remarquer qu'en une matière aussi grave, puisqu'il s'agit de l'exécution même de la loi, le législateur eût dû fixer lui-même les conditions principales nécessaires pour obtenir de conserver une organisation spéciale. De plus, le législateur eût dû imposer à toutes les communes, même à celles ayant une organisation spéciale, l'obligation de dresser chaque année une liste d'assistance. La liste d'assistance est, en effet, la meilleure sanction que l'on puisse donner à l'article premier de notre loi qui proclame le principe de l'assistance obligatoire. Pour que l'indigent malade NON SECOURU puisse porter sa réclamation devant la commission d'appel, il faut qu'il soit inscrit sur la liste, ce qui le dispensera, au jour de la maladie, d'avoir à faire preuve de son manque de ressources.

L'art. 35, tel que l'interprète l'administration, présente un autre inconvénient. Toute commune qui a obtenu le bénéfice de cet article perd le droit de réclamer une subvention du département, et, cependant, elle n'en est pas moins tenue, par raison de solidarité, à supporter les centimes départementaux afférents au service. Il y a là quelque chose de choquant. Une grande ville, qui conserve son ancienne organisation d'assistance et qui se trouve en vertu même de la loi nouvelle obligée d'augmenter ses dépenses, devrait pouvoir bénéficier, comme les autres communes, d'une subvention départementale, d'autant que cette subvention serait, en général, bien minime puisqu'elle n'excéderait pas 10 pour cent, alors qu'elle s'élève à 80 pour cent dans les autres communes.

En résumé, on voit que l'art. 35 est absolument incomplet et qu'il devrait été modifié.

Nous avons indiqué déjà, en étudiant le domicile de secours, et au chapitre XII de la deuxième partie, à quelles controverses ont donné lieu les termes peu précis de l'art. 36. Nous ajouterons simplement ici qu'il serait nécessaire de reviser l'art. 36 à un double point de vue.

1° En indiquant, nettement et en termes catégoriques, que l'abrogation édictée par cet article est spéciale et ne s'applique qu'en matière d'assistance médicale gratuite ;

2° En faisant toutefois une exception pour les règles relatives au domicile de secours et en indiquant que les art. 6 et 7 de la loi de 1893 sont applicables non seulement aux indigents inscrits sur les listes d'assistance médicale, mais encore à toutes les catégories d'indigents, ce qui serait une heureuse réforme.

Telles sont, à notre sens, les principales modifications qu'il serait bon d'introduire dans la loi du 15 juillet 1893, pour la mieux approprier à son but, qui est de soulager la souffrance humaine, et pour la rendre plus apte à faire triompher le principe de solidarité sociale dont elle s'est inspirée.

Répétons néanmoins en terminant que notre loi, si imparfaite qu'elle soit, n'en constitue pas moins un réel progrès humanitaire, et émettons le vœu que le législateur s'occupe chaque jour davantage de venir en aide aux déshérités, aux pauvres qui souffrent et qui, songeons-y, ont droit à la vie !

Vu :

Le Président de la thèse,
H. BERTHÉLÉMY,

Vu :

Par l'Assesseur,
GÉRARDIN.

Vu et permis d'imprimer :
Le vice-recteur de l'Académie de Paris,
GRÉARD.

TABLE DES MATIÈRES

Laval. — Imprimerie parisienne L. BARNÉOUD & Cⁱᵉ.)

www.ingramcontent.com/pod-product-compliance
Ingram Content Group UK Ltd.
Pitfield, Milton Keynes, MK11 3LW, UK
UKHW022230120726
13694UKWH00002B/776